JOCHEN THIES

Die Fluten
des Pruth

Inhalt

Für Leander

Vorwort

Ich gehöre jener Generation an, die zum ersten Mal in der jüngeren deutschen Geschichte nicht in einen Krieg ziehen musste. Als Flüchtlingskind, in letzter Minute in Ostpreußen als Nachfahre von Hugenotten zur Welt gekommen, blieb jedoch ein Gefühl erhalten, auf erdbebengefährdetem Boden zu leben. Besitz bedeutet mir relativ wenig, die elterliche Wohnung wies hier und da Züge einer Flüchtlingsunterkunft auf, die nicht zur Ruhe kommen wollte. Das Dritte Reich spielte seit meiner Konfirmation bei jedem Familientreffen eine Rolle. Verteilt über die gesamte Bundesrepublik, wurden die Diskussionen phasenweise verbissen geführt. Aber wir blieben brave Söhne von Wehrmachtssoldaten. Wie fast alle Klassenkameraden leistete ich den Wehrdienst ab. Vorübergehend hieß es bei der Truppe, dass zwei Bundeswehrdivisionen nach Vietnam geschickt würden. Das Gerücht hatte einen durchaus wahren Kern, wie sich später herausstellte. Für einen Moment schien das große Abenteuer zu winken. Aber zunächst blieb es bei Reisen nach Langeoog, ein paar Jahre später mit der Verlobten nach Südfrankreich.

Die Prägung, die mich zum »Internationalisten und deutschen Patrioten« machte – wie mir Christoph Bertram zum 60. Geburtstag schrieb, erfolgte spät, aber noch rechtzeitig. Aber schon als Schüler unternahm ich Entdeckungs- und Sprachreisen nach Frankreich und Italien, genoss dabei die

Vorteile einer »Flüchtlingsbiografie«, die es mir möglich machte, mich aus dem Stand in neue Situationen einzufinden. Besonders wichtig wurden dann zu Beginn meiner beruflichen Karriere die drei Jahre in Großbritannien, die ich mit einem unvollendet gebliebenen Habilitationsvorhaben am Deutschen Historischen Institut in London verbrachte. Die Berufung zum Chefredakteur der führenden deutschen außenpolitischen Zeitschrift beförderte mich mit Anfang 40 in das Umfeld zurück, in dem ich mich als junger Mann und Redenschreiber für Bundeskanzler Helmut Schmidt bereits bewegt hatte. Und der Fall der Mauer, die deutsche Wiedervereinigung, der Entschluss, mit der Familie nach Berlin zu gehen, schickte mich schließlich für einige Jahre auf eine Art Weltumlaufbahn. In Paris, London und Rom, in Prag und Athen, in Tel Aviv, Moskau und Tokyo, sogar in Rio de Janeiro wollte man wissen, wie die neue Rolle Deutschlands in der Welt einzuschätzen sei. Das größte Interesse gab es jedoch in den USA, wo ich in Washington und in New York, in San Francisco und Los Angeles, aber auch in der Mitte des Landes Auftritte hatte. Viele Beiträge in außenpolitischen Fachzeitschriften, Kommentare in der *International Herald Tribune* und ein Instant-Buch über die Wiedervereinigung kennzeichneten diese Zeit. Meine Botschaft lautete: Vor dem neuen Deutschland muss niemand Angst haben. Es wird nun den Platz in der Völkergemeinschaft, den es 1933 aufgab, wieder einnehmen. Und: Es wird eine liberale westliche Macht sein – auf Augenhöhe mit Großbritannien und Frankreich.

Waren es bis dahin Ziele im Westen, die ich mit der Familie ansteuerte, stand nun die Entdeckung der europäischen Mitte an, angeregt durch den Osteuropahistoriker Karl Schlögel. Berlin war – Jahre vor Ankunft der Bundesregierung und des politischen Trosses – ein sehr spannender Ort. Im alten Regierungsviertel herrschte noch bauliche Tristesse. Am Abend befand sich im einzigen Restaurant am Gendarmenmarkt außer uns nur ein weiterer Gast. Aber es herrschte Aufbruchstimmung. Sie entlud sich Jahre später in einer unvergesslichen Nacht, als die Eröffnung des Hochhauses von Renzo Piano am Potsdamer Platz gefeiert wurde. Die Neuen, Abenteuerlustigen, einige Bonner Vorauskommandos, trafen auf Persönlichkeiten, die Westberlin geistig am Leben gehalten hatten, FU-Professoren, Künstler, Publizisten und Rückkehrer wie Shepard Stone vom Aspen Institute und Heinz Berggruen – eine der großen Glücksgeschichten in diesen Jahren.

Zu den besonderen Erlebnissen in London gehörte die Begegnung mit dem deutschen Exil, vor allem mit deutschen Juden. Statt an Weihnachten zu den Eltern zu fahren, flogen meine Frau und ich am ersten Weihnachtsfest, das wir in der Ferne verbrachten, nach Israel. Nirgendwo auf der Welt können Gespräche so intensiv verlaufen wie hier, vorausgesetzt, man sucht sie und öffnet sich. Und wir suchen sie weiter. Alle zwei bis drei Jahre reisen wir nach Israel, um mit eigenen Augen zu sehen, wie es dem Land geht, wie es sich weiterentwickelt. Ergänzt wird diese Orientierung durch ein großes Interesse an der Türkei und der arabischen Welt. Weil ich mich seit 15 Jahren für eine sehr lebendige Gruppe von Deutschtürken engagiere, stehe ich auf der Fahndungsliste des Erdogan-Regimes und habe ein Einreiseverbot. Das tut weh, denn ich mag die Menschen und das wunderbare, facettenreiche Land.

In den Balkankriegen kamen Anfang der 1990er-Jahre 200 000 Menschen ums Leben. Verzweiflung und Hass erfordern bisweilen, Konflikte einzufrieren und Völker für Jahrzehnte voneinander zu trennen. Das wird nun zwischen Ukrainern und Russen passieren. Wie schwierig die

Annäherung nach Konflikten ist, zeigen die Situation in Bosnien-Herzegowina, die politische Lage in Serbien, aber auch die deutsch-polnischen Beziehungen. Narrative sind zäh.

Seit 2015 beobachte ich, dass es in der Publizistik ein Zusammenrücken meiner Generation gibt, der Jahrgänge 1940 bis 1949. Ich deute dies als eine Form von Patriotismus. Es macht Mut, Dinge auszusprechen, politisch Nicht-Korrektes zu sagen. Wir waren jahrzehntelang auf unterschiedlichen Wegen unterwegs, der eine machte größere politische Umwege als der andere. Aber nun finden wir uns in einer Mitte zusammen, die von der Politik im letzten Jahrzehnt zunehmend weniger angesprochen wurde.

Im Laufe unseres Lebens haben wir uns eine sehr westliche Sichtweise zugelegt, die mit angelsächsischem Pragmatismus gut beschrieben ist. Wir sind daher irritiert über die Alleingänge, die Deutschland sicherheits- und energiepolitisch unternommen hat und weiter unternimmt. Sie gefährden den Konsens im Lande. Durch die sozialen Medien und die schwindelerregenden Prozesse und Fortschritte im IT-Bereich gehören die Journalisten zu den großen Verlierern des letzten Jahrzehnts. Sie haben die Deutungshoheit verloren. Die Wirtschaftsführer sind jetzt die wirkungsmächtigeren Akteure. Aber wir glauben an die Macht des Wortes. Es lohnt sich zu streiten, um dieses Land auf Kurs zu halten. Ich habe das Bedürfnis, noch einmal zu sagen und zu schreiben, was m. E. während der letzten 20 Jahre in Deutschland in die falsche Richtung gelaufen ist. Alte Schwächen sind zurückgekehrt, während deutsche Stärken abnehmen. Die große Sorge besteht darin, dass wir an einer Zeitenwende stehen könnten und nur noch wenige Jahre zum Gegensteuern übrig bleiben, für Deutschland und für Europa. Das Gefühl, sich auf schwankendem

Boden zu befinden, ist plötzlich da. Im Folgenden werde ich mich darum bemühen, dagegen anzuschreiben. Denn es geht um die Zukunft unserer Kinder und Enkel.

Berlin im März 2023
Jochen Thies

Sechs Jahre, welche die Welt veränderten

Die doppelte Herausforderung

Deutschland steht auf absehbare Zeit vor einer doppelten Herausforderung. Es muss Antworten auf einen Krieg finden, der selbst dann nicht beendet sein wird, wenn die Waffen schweigen. Und es muss im Innern eine Bildungskrise meistern, die in den 1980er-Jahren begonnen hat, sich aber nun durch Krieg und anhaltende Masseneinwanderung kontinuierlich verschärft. Sie kann sich zu einer Identitätskrise für Deutschland ausweiten. Nur wenn sich das Land über das Ausmaß der drohenden Gefahren und Risiken im Klaren ist, über die Nähe zum Abgrund, kann es geeignete, nachhaltige Gegenmaßnahmen ergreifen. Verloren ist nichts. Aber zunächst gilt es, den Ernst der Lage zu erfassen und zu beschreiben. Erstaunliches ist geschehen, über Nacht spielen militärische Fragen wieder eine Rolle. Dagegen ist bei vielen Deutschen noch nicht angekommen, dass Schule und Bildung kurz- und mittelfristig die zweite große Herausforderung für das Land sind, nicht ausschließlich das Klima, das eine Daueraufgabe bleibt.

Welthistorische Zäsuren sind selten auf Anhieb sichtbar. Goethe war vor genau 230 Jahren bei einem unbedeutenden militärischen Waffengang an der Mühle von Valmy anwesend. Er begriff den Ausgang des Scharmützels als historischen Wendepunkt: »Von hier und heute geht eine neue Epoche der Weltgeschichte aus, und ihr könnt sagen, ihr seid dabei gewesen.« Der Prozess, den Goethe intuitiv erfasste, kam erst 80 Jahre später an sein Ende, mit dem Untergang der Pariser »Commune«. Derartige Entwicklungen wechseln die Tempi, manchmal kommen sie langsam voran, dann plötzlich sprunghaft, bis es zum Umschwung kommt. Es kann sein, dass sich Deutschland und Europa in einer solchen welthistorischen Situation befinden, die vor sieben Jahren einsetzte. Sie begann mit einem Weckruf und endete mit einem Schuss. Ihr Beginn wird durch zwei Ereignisse im September 2015 markiert: das Nicht-Schließen der deutschen Grenzen für syrische Flüchtlinge bei gleichzeitigem militärischem Festsetzen der Russen in dem Land, das die Flüchtlinge freisetzt, also in Syrien. Eine 100-jährige Dominanz des Westens im Nahen Osten nähert sich damit ihrem Ende. Sie begann am Ende des Osmanischen Reiches und hat viel mit Erschöpfung zu tun, mit der bitteren Erkenntnis, dass militärische Interventionen nicht zur Stabilisierung von Staaten führen. Das befreite Deutschland in den Jahren 1945 bis 1949 bleibt damit der große historische Ausnahmefall! Russland (und China) kommen zu einer völlig anderen Bewertung der Weltlage. Sie sind weiterhin bereit, notfalls brachiale Gewalt anzuwenden, um eigene Absichten durchzusetzen. Das zweite einschneidende Ereignis der zurückliegenden sieben Jahre, zugleich Abschluss einer mehrjährigen »Kippphase«, ist somit der 24. Februar 2022, als Russland die Ukraine angreift.

Es kann sein, dass zwischen 2015 und 2022 Irreversibles geschehen ist – vor allem für Deutschland. Wenn der Befund zutrifft, wenn er jedenfalls als Arbeitshypothese akzeptiert wird, ist der September 2015 das Valmy der Gegenwart, weil nicht sogleich als fundamentaler Einschnitt erkennbar. Der russische Angriff auf die Ukraine hingegen zeigt erschreckende Parallelen zu einem Ereignis auf, das über 1600 Jahre zurückliegt: dem Hunnen-Einfall im Jahre 376. Er fand in einer Gegend statt, die sich nahe der heutigen Kampfzone in der Ukraine befindet. Die Goten verloren damals ihre Lebensgrundlage und baten um Aufnahme ins Römische Reich. Rom stimmte zu, Hunderttausende überquerten die Donau.

Ich habe, zugegeben, diese historischen Parallelen nicht vor Augen gehabt, als ich einer Einladung von Peter Altmaier zu einem privaten Essen am 29. August 2015 folgte. Zu diesem Zeitpunkt stauten sich bereits Flüchtlingsmassen im Budapester Hauptbahnhof. Aber der Kanzleramtsminister kommt zu meiner Überraschung von sich aus auf das sich abzeichnende Flüchtlingsdrama nicht zu sprechen. Stattdessen unterhalten wir uns über Bismarck, über den ich gerade ein Buch veröffentlicht hatte, das er gelesen hat, und über Forschungsfragen in diesem Zusammenhang. Der Minister gesteht mir, dass er selbst an einem Bismarck-Buch arbeite, eine Veröffentlichung aus politischen Gründen gegenwärtig aber nicht opportun sei. Erst gegen Ende des Gesprächs – Altmaier muss zurück ins Amt zu einer Unterredung mit der Kanzlerin – kommen wir auf das aktuelle Thema zu sprechen. Altmaier wiegelt ab, die einzige Sorge, die er zu erkennen gibt, ist die, wegen der Situation in Budapest nicht zu einem Treffen mit französischen Freunden an den Genfer See reisen zu können. Es ist für das erste Septemberwochenende terminiert. In einem Hotel mit symbolträchtiger Geschichte will sich der sogenannte »Evian-Kreis« treffen. Erst Monate später erfahre ich durch ein Buch von Robin Alexander, dass Altmaier tatsächlich nach Genf geflogen und von dort nach Evian weitergereist ist. Entgegen seinen Absichten muss er länger als geplant im Hotel Royal in Evian bleiben, weil Merkel an diesem Wochenende entschieden hat, die Grenzen offen zu halten.

Das »Royal« schreibt somit noch einmal Weltgeschichte, Weltgeschichte per Telefon, ohne dass dies in Deutschland erfasst wird. Denn die Luxusherberge mit atemberaubender Sicht über den Genfer See und die Zentralkette der Alpen war im Sommer 1938 Schauplatz einer gescheiterten Flüchtlingskonferenz. Der verbliebene Kern der demokratischen Welt, ein paar west- und nordeuropäische Staaten, das britische Empire und der amerikanische Doppelkontinent konnten sich damals nicht darauf verständigen, in einer einmaligen Aktion 500000 deutsche und österreichische Juden auf aufnahmewillige Länder zu verteilen. Genau dies versucht Altmaier mit den syrischen Flüchtlingen in Evian nun erneut. Und der demokratische Westen scheitert wieder.

Denn inzwischen ist die Zahl der Flüchtlinge weltweit auf den hundertfachen Wert gestiegen. Global denkenden Regierungen, ehemalige Kolonialmächte wie Großbritannien und Frankreich, die noch immer über Antennen in die Welt hinaus verfügen, ist das Dilemma bewusst, in dem wir stecken. Entsprechend vorsichtig tasten sie sich an das Septemberereignis heran. Immerhin gelingt es Altmaier von seiner Suite aus per Telefon, die Bundesländer hinter sich zu bringen, vor allem das an der »Front« befindliche Bayern. Aber als die Kanzlerin später per Mobiltelefon die befreundeten europäischen Staats- und Regierungschefs anruft, erntet sie 1938er-Ergebnisse: Frankreich will 1000 Flüchtlinge aufnehmen, Belgien 250, Dänemark 40. Altmaiers Twitter-Gruß an seine Evian-Freunde nach Konferenzende kommt daher einer Beschwörungsformel gleich: »Dank an die französischen Freunde für einen freundschaftlichen

Gedankenaustausch. Die menschliche Dimension in der Flüchtlingsfrage erfordert eine noch engere Kooperation.« Das Ringen um das Ausmaß dieser »Kooperation« hält in der EU bis zum heutigen Tage an. Nachhaltige Ergebnisse gibt es nicht, der Ausgang ist offen. Aber Deutschland darf mit seiner historischen Schuld nicht auch den europäischen Kontinent belasten. Es muss einen pragmatischen Mittelweg finden. Und es muss wissen, dass durch ein noch so großes Hilfsprogramm weder die NS-Zeit vergessen gemacht werden kann noch ein Land mit der Fläche des US-Bundesstaates Montana in der Lage ist, die Welt zu retten.

Die Unruhe, die mich als Mitglied der »Goldenen Generation« im Spätsommer 2015 erfasst hat, bin ich seitdem nicht losgeworden. Meine Sorge und Vermutung, dass sich zusätzlich zu den Flüchtlingen im Budapester Hauptbahnhof Zehntausende auf dem Weg von den Küsten Griechenlands nach Deutschland befinden, kann Altmaier bei unserem Abendessen nicht entkräften. Er verhält sich bemerkenswert ruhig und weist meine Einschätzung, dass es sich um eine »Schicksalsfrage für Deutschland« handele, freundlich, aber bestimmt zurück. Ich gebe auf, fürs Erste. Beim Abschied drehe ich mich auf halber Treppe nochmals um, steige erneut die Stufen zur Tür empor, an der der Minister noch immer verharrt, und wiederhole den Satz, dass Deutschland vor einer Schicksalsfrage stehe. Fast entschuldigend füge ich hinzu, dass ich aufgrund meines Alters und meiner Lebenserfahrung diese Schicksalsfrage stelle. »Seien Sie unbesorgt, wir haben die Lage im Griff«, entgegnet Altmaier.

Noch immer versuche ich, Angela Merkel zu verstehen, die ich in den Anfängen ihrer politischen Karriere aus der Nahdistanz erlebt habe, einmal in einem fast privat zu nennenden Kreis in einem Haus, in dem die Dohnanyis und die Bonhoeffers in Berlin-Charlottenburg einst ein- und ausgingen. Bei einem Redaktionsgespräch überzeugte sie mich als Kanzlerkandidatin ein paar Jahre später nicht. Sie argumentierte unpolitisch. Ich bin auch nach Templin gefahren und habe mir das Anwesen am Rande der Stadt angeschaut, in dem die Kanzlerin groß geworden ist. Mit seiner Strenge erinnerte mich der »Waldhof« an Citeaux in Burgund, das Mutterkloster der Zisterzienser. Nur wenn man die Toleranz und Enge – beides gibt es – eines protestantischen Pfarrhauses erfasst, kann man die Entscheidung Merkels verstehen, über eine Million Flüchtlinge im Herbst 2015 ins Land zu lassen. Sie kam unvermittelt, denn wenige Wochen zuvor hatte die Kanzlerin einem von Abschiebung bedrohten palästinensischen Kind gesagt: »Du kannst hier nicht bleiben«, ein Satz, der jedem Menschen, ob Politiker, ob Behördenmitarbeiter, ungeheuer schwerfallen muss, der in das Antlitz eines Flüchtlings schaut.

Aber ich bleibe dabei, dass der Entschluss dieser hochbegabten Frau, die ihre Kanzlerinnen-Dossiers wie kein zweiter Regierungschef dieser Republik beherrschte, Flüchtlinge in immensen Zahlen aufzunehmen, sehr viel mit dem Erbe eines Teils der Nation zu tun hat, mit dem Luther'schen »ich kann nicht anders«, aber auch mit dem bei protestantischen Theologen gelegentlich anzutreffenden, plötzlich aufblitzenden Hochmut, moralisch auf der richtigen Seite zu stehen. Im September 2015 wehte für einen Augenblick der Geist eines Gottesstaates. Und hochmütig ist Merkel, sie zeigt bislang offenkundig wenig Einsicht, dass ihre Kanzlerschaft in einer energie- und sicherheitspolitischen Katastrophe geendet ist. Der sorgsam aufgebaute Nimbus ist zerstoben. Merkel ist Naturwissenschaftlerin, sie hat kein Gespür für das Tragische, für die Möglichkeit des Scheiterns. Je älter sie wurde, umso »östlicher« erschien sie mir. Das Land wird lange an ihrem falschen Kurs zu tragen haben. Ob diese Einsicht auch bei denen vorhanden ist, die sie unterstützten, die weiterhin zu ihr halten, bleibt abzuwarten. Merkel hat entgegen ihren Absichten das Land erneut geteilt.

Die Illusion von Potsdam

In der Rückschau war es wohl ein historischer Moment, als ich am 25. Juni 1991 von Bonn nach Berlin flog, um an einem Gedenkkonzert anlässlich des deutschen Angriffs auf die Sowjetunion 50 Jahre zuvor teilzunehmen. Deutlich zu früh am Veranstaltungsort in Potsdam, laufe ich vor der Erlöserkirche dem Inspekteur des deutschen Heeres, Generalleutnant Jörg Schönbohm, in die Arme. Der Drei-Sterne-General verwickelt mich sogleich in eine Diskussion. Wenige Minuten später treffen seine Gäste ein, die Führung der sowjetischen Streitkräfte in Deutschland unter General Matwej Burlakow. Ich erinnere mich noch gut an die großen Tellermützen der russischen Generale, die kräftigen bäuerlichen Gestalten, ihre gewaltigen Ordensbrüste. Was nun mithilfe eines Dolmetschers beginnt, ist ein nahezu kameradschaftliches Gespräch wie unter Soldaten, die einander inzwischen vertrauen. Ähnliche Situationen mit Russen habe ich in diesen Jahren kurz vor und nach dem Fall der Mauer und der deutschen Wiedervereinigung immer wieder erlebt: Die Russen hatten uns vergeben, sie wollten nicht länger über den Krieg reden. Bei der Eröffnung eines Gesprächs kam der Krieg in der Regel kurz zur Sprache, musste notwendigerweise angesichts von 27 Millionen Toten auf russischer Seite angesprochen werden. Sobald die Gesprächspartner jedoch ein Gefühl für ihr Gegenüber hatten – bei Russen kann dies sehr schnell gehen –, streckten sie einem die Hand entgegen, ja, packten den Deutschen an den beiden Oberarmen. Es bedurfte nicht einmal eines Glases Wodka. Als der Sprecher des Regierenden Bürgermeisters von Berlin im Sommer 1994 bei mir anfragte, ob ich anlässlich der Verabschiedung der Russen zwei Redeentwürfe verfassen könnte, sagte ich sehr gern zu. Es war mir eine Ehre.

Ein Moment ähnlicher Wucht und Eindringlichkeit ergibt sich, als ich einige Jahre später mit meinem Freund Klaus Reinhardt, dem Vier-Sterne-General und KFOR-Kommandeur, zu einem ganz speziellen Truppenbesuch im Kosovo fliege. Von Pristina geht es an einem Aprilabend des Jahres 2000 per Hubschrauber zu einem russischen Fallschirmjägerbataillon. Wir landen unweit des Lagers, und nachdem sich die Staubwolke gelegt hat, kommt uns der Kommandeur mit seinem Stab entgegen. Die Begrüßung ist bemerkenswert freundlich, die Wertschätzung der Russen für den jungenhaft wirkenden Deutschen mit eisgrauem Haar offensichtlich. Reinhardt kramt seine Russischkenntnisse hervor, was die Begeisterung der Russen für den hohen Besuch noch steigert. Wahrscheinlich ist ihnen auch bekannt, dass Reinhardt seinen Doktortitel mit einer Studie über die Winterschlacht vor Moskau im Jahre 1941 erworben hat. Sie hat in Moskau Aufsehen erregt und ist ins Russische übersetzt worden.

In deutlichem Abstand zur Besuchergruppe lagern die Soldaten des Bataillons vor ihren Zelten und mustern uns ebenfalls freundlich. Der eine oder andere englische Brocken fliegt herüber, als wir einen kleinen Rundgang starten. Aus ihren Kampfanzügen lugen im Halsbereich die blau-weiß gestreiften Matrosenhemden hervor. Ich weiß von Reinhardt, dass er mit der Rolle, welche die Russen nach einigem Hin und Her im Kosovo spielen, insgesamt zufrieden ist. Das russische Bataillon arbeitet eng mit einem amerikanischen Kampfverband zusammen, der an seiner Seite stationiert ist. Mit 2000 Dollar pro Monat sind die Russen auch beim Sold, wie es scheint, im Westen angekommen.

Stiefkind Bundeswehr

Die Bundeswehr hat bis zum dem Augenblick, als der russische Angriffskrieg gegen die Ukraine alles veränderte, eine lange Frustrationsstrecke hinter sich gebracht. Kritische Äußerungen von Generalen gab es in der Öffentlichkeit nicht, sie hätten zu sofortigen Entlassungen geführt. Da unterschieden sich die Verteidigungsminister Rühe (CDU), Scharping und Struck (SPD), zu Guttenberg und de Maizière (CDU/CSU) kaum voneinander. Nachfolgerin von der Leyen (CDU) führte die Bundeswehr wie ein Sozialministerium und stellte die Truppe unter Generalverdacht, als es ein paar rechtsextreme Vorfälle gab. Einige musste man ernst nehmen, sehr ernst sogar, bei anderen handelte es sich um Dummheiten, wie es sie bei jungen Männern gibt, die auf engem Raum kaserniert sind. Es gibt sie auch bei der Polizei. Fotos von Helmut Schmidt in Wehrmachtsuniform mussten vorübergehend abgehängt werden, es dominierte der Generalverdacht. Erst unter der soldatenfreundlichen Nachfolgerin Kramp-Karrenbauer (CDU) – Saarländer haben ein unverkrampftes Verhältnis zum Militär – entspannte sich die Lage. Erst jetzt konnte der Heeresinspekteur das aussprechen, was jedermann wissen konnte, wenn er es wissen wollte: Das Heer, so Generalleutnant Mais, »steht mehr oder weniger blank da«.

Aber es sollte noch ein weiteres verlorenes Jahr auf die Truppe zukommen, als es Christine Lambrecht (SPD) mühelos gelang, die katastrophale, schier endlos andauernde Performance von Ursula von der Leyen zu unterbieten.

Auslandseinsätze der Bundeswehr waren lange Zeit ein hochemotionales Thema. »Auftrieb« erhielt die Armee durch Entscheidungen des Bundesverfassungsgerichts in den Jahren nach der Wiedervereinigung – nicht durch mutige Entscheidungen des Parlaments. Die Parteien warteten lieber ab, bis Fragen wie die Anwesenheit deutscher Soldaten in AWACS-Flugzeugen juristisch geklärt waren. Die Aufwärtsentwicklung verlangsamte sich zu Beginn der 2000er-Jahre. Merkel setzte den Kurs nicht fort, den Schröder und Fischer auf dem Balkan eingeschlagen hatten, dem ersten Kriegseinsatz nach 1945. Schröder hatte die veränderte Wetterlage in Deutschland bereits zu spüren bekommen, als es darum ging, eine krisenhafte Situation in Mazedonien mithilfe der NATO unter Kontrolle zu bringen. Er musste im November 2001 im Bundestag die Vertrauensfrage stellen. Somit waren die ersten, die in Skopje eintrafen, tschechische Fallschirmjäger.

Auf nahezu allen Krisenschauplätzen der Welt, auf denen Soldaten der Bundeswehr beteiligt waren, mussten sie eine Sonderrolle spielen, deutlicher gesagt, sie durften an der Seite ihrer NATO-Kameraden und Soldaten aus UN-Mitgliedsländern nicht kämpfen. In Mali überließ man dies dem französischen Partner und anderen Nationen, bis die Franzosen plötzlich abzogen. Gleiches gilt für Einsatzorte im Nahen Osten wie in Jordanien. Bundeswehrpiloten überfliegen Krisengebiete, fotografieren Ziele und überlassen die Verrichtung des bitteren Handwerks ihren Partnern. Nimmt man damit weniger Verantwortung, weniger Schuld auf sich? Auf das Selbstwertgefühl der deutschen

Soldaten wird keine Rücksicht genommen. Sicher ist, dass sie sich schlecht fühlen. Wenn sie von einem Einsatz zurückkommen, erwarten sie keine Empfangskomitees. Sie huschen in die Autos, in denen ihre Partner warten. Es gibt keine Bilder von der Ankunft in der Kaserne, geschweige denn eine Parade am Standort. Die Soldaten der Bundeswehr wollen keine Sonderrolle, sie wollen geschätzte Kameraden sein, die sie für die anderen auch sind. Die härteste Währung auf der Welt ist die Bewährung im Krisenfall, der Verlass auf den Kameraden.

Die Amerikaner verloren in Afghanistan über 2300 Soldaten, die Briten 450, die Kanadier fast dreimal so viel wie die Deutschen mit 59 Gefallenen. Es gab erbitterte Debatten im kanadischen Parlament und in der kanadischen Öffentlichkeit, als die Bundeswehr trotz eines Hilferufes dem kanadischen Kontingent in Afghanistan nicht zur Hilfe kam. Zwischen Halifax und Vancouver ist das bis heute nicht vergessen. Im Zeichen der aktuellen Energiekrise wurden die Kanadier aber nun – wie es den Anschein hatte – bei der Blitzreise von Scholz und Habeck als verlässliche Partner (wieder) entdeckt. In Wirklichkeit sind sie es schon sehr lange. Sie kämpften in beiden Weltkriegen in Europa, befreiten u. a. die mecklenburgische Stadt Wismar 1945! Kanada ist »lead nation« in Lettland – wie Deutschland in Litauen.

Deutschland scheute die Verantwortung, es spielte lange Zeit auf Zeitgewinn. Es kaufte sich von einer Beteiligung am Irak-Krieg mit einer Summe frei, die einem Drittel des damaligen Verteidigungshaushaltes entsprach. Schröders »Nein« zum nächsten Irak-Krieg, das in Deutschland bis heute als positiver Beitrag zum Weltgeschehen angesehen wird, bedarf ebenfalls einer kritischen Überprüfung. Der Kanzler wusste seit Ende Januar 2002, dass Präsident

Bush jr. einen Regimewechsel im Irak plante. Bei einem Vieraugengespräch hatte der Amerikaner dem Deutschen dies mitgeteilt. Schröders Entgegnung: »Machen Sie es bitte schnell, Mr. President.« Zu Beginn der heißen Phase des Bundestagswahlkampfes fiel in einem kleinen Kreis von Personen, an einer Hand abzuzählen, in Hannover die Entscheidung, sich gegen die USA zu stellen. »Für Abenteuer«, sagte Schröder, stehe er nicht zur Verfügung, »Spielereien mit Krieg« seien mit ihm nicht zu machen. Und: »Unser Deutschland ist ein selbstbewusstes Land.« Mehrfach sprach Schröder »von einem deutschen Weg«, was seinen grünen Außenminister Fischer entsetzte. Des Beifalls des Publikums konnte sich der Kanzler nicht nur an diesem Tag sicher sein.

Widerwillen, in der Weltpolitik Verantwortung zu übernehmen, ging mit einem latenten Anti-Amerikanismus ein riskantes Gemisch ein. Schröder gewann die Wahlen. Ich kannte zu dieser Zeit prominente sozialdemokratische Politiker, die ein Problem darin sahen, die USA zu bereisen. Ihre Partner waren z. T. noch USA-kritischer eingestellt. Mit einem gewissen Erstaunen vernahm die deutsche Öffentlichkeit, dass Bundeskanzler Scholz anlässlich seiner Rede vor der UN-Vollversammlung im September 2022 erstmals nach New York City kam. Von Bush jr. existiert bis zum heutigen Tag in den deutschen Medien und in der Öffentlichkeit nur ein Zerrbild. In der Zeit tiefgreifender deutsch-amerikanischer Spannungen versuchte der deutsche UN-Botschafter Pleuger im Auftrag von Außenminister Fischer, eine Mehrheit für eine deutsche Mitgliedschaft im UN-Sicherheitsrat zu organisieren. Bei einer Begegnung in New York sagte er mir, die Mehrheit für Deutschland sei sicher. Es kam nie zu einer Abstimmung, weil die USA die deutsche Absicht durchkreuzten und sich ihrerseits rechtzeitig eine Sperrminorität gesichert hatten. Bei Begegnungen mit dem amerikanischen Botschafter in Berlin spürte ich, wie eisig das deutsch-amerikanische Verhältnis geworden war.

Legenden um den Irak-Krieg

Am 15. Oktober 2002 erhielten 50 Staaten eine Note, den amerikanischen Anforderungskatalog im Falle einer Beteiligung am Irak-Krieg. Zu den Empfängern gehörte auch die Bundesrepublik. Washington verlangte Überflugrechte, Transitrechte, die Nutzung von militärischen Einrichtungen, den Schutz von Kasernen durch deutsches Personal, ABC-Abwehr, Raketenabwehr und Militärpolizei für den Irak. In richtiger Einschätzung der labilen deutschen Stimmungslage forderten die USA keine deutschen Kampftruppen an! Der Irak-Krieg begann am 20. März 2003. Das offizielle deutsche Nein kam zustande, als es Schröder in letzter Minute gelang, Frankreich zu einem »Non« zu überreden. Wenn der Irak-Krieg UN-mandatiert geworden wäre, hätten die Franzosen mitgemacht. Es war für sie keine Frage des Prinzips. Dann wäre die Bundesrepublik völlig isoliert gewesen.

Mein Freund Dieter Dettke, exzellenter Kenner der USA und Experte für das Innenleben der SPD in einer Person, hält dieser Argumentation entgegen, dass die damalige rot-grüne Koalition nach der Beteiligung am Kosovo-Krieg und nach dem militärischen Engagement in Afghanistan keinen dritten Krieg durchgestanden hätte. Die Deutschen wären einer Regierung, die dies verlangt hätte, mehrheitlich nicht gefolgt. Das mag zutreffend sein, aber Richtungswechsel haben immer dann Chancen, akzeptiert zu werden, wenn es Bereitschaft zur Führung gibt. Daher überzeugt auch Dettkes weiteres Argument nicht, dass Schröder und Fischer im Koalitionsvertrag das Gewaltmonopol der UN als bindend für ihren Zusammenhalt anerkannt hatten. Mit dem Nein zu einer Beteiligung am Irak-Krieg wurde die Weiterentwicklung der deutschen Sicherheitspolitik, die diese Generation eingeleitet hatte, abgebrochen. Der Auffassung des Historikers und Schröder-Biografen Gregor Schöllgen, Deutschland habe im Augenblick des »No« von Schröder zu sich gefunden, kann nicht zugestimmt werden. In Wirklichkeit war es zu einer Entfremdung zwischen Deutschland und den USA gekommen, die Berlin geschehen ließ.

Es trifft zu, dass Europa in dieser Frage gespalten war, dass eine Reihe von osteuropäischen Staaten, die an die Tür der NATO klopften, gegen den Irak-Krieg waren. Entscheidend »for the European soul« waren jedoch die Namen auf einem Aufruf zur Unterstützung der USA, der am Vorabend des Krieges erschien: Tony Blair (Großbritannien), José Maria Aznar (Spanien), Silvio Berlusconi (Italien), José Manuel Barroso (Portugal), Péter Medgyessy (Ungarn), Leszek Miller (Polen), Anders Fogh Rasmussen (Dänemark) und Václav Havel (Tschechien) waren die Unterzeichner. Es war eine Mischung von Repräsentanten der Normandie-Koalition von 1944 und von Politikern, die aus der Geschichte gelernt hatten, im Westen wie im Osten!

Aber Deutschland verhielt sich keineswegs dogmatisch, es konnte in dem Konflikt nicht abseits stehen. Über Ramstein wurden täglich 100 Einsätze, »missions«, abgefertigt, zum Teil mit Fernbombern. In Landstuhl trafen im großen US-Hospital verwundete US-Soldaten ein und wurden dort medizinisch behandelt. Die Bundeswehr bewachte US-Einrichtungen, 5000 GIs wurden dadurch für den Irak-Einsatz frei, der kämpfende Teil einer Division. Die 4. US-Panzerdivision wurde mithilfe der Bundeswehr auf dem Truppenübungsplatz von Grafenwöhr kampffertig gemacht und nach Emden und Bremen transportiert. Ihr frühes Erscheinen auf dem irakischen Kriegsschauplatz war mitentscheidend für den Ausgang des Irak-Unternehmens. Nach Ansicht eines deutschen Spitzenmilitärs war es neben den Anteilen von Großbritannien, Kuwait und Saudi-Arabien der vierte kriegsentscheidende Beitrag! Von der Öffentlichkeit kaum zur Kenntnis genommen, erschien die Bundeswehr schon bald darauf militärisch im Irak, sie bildete Kurden am Gewehr aus. In einer Gegend, in der die frühen Stätten der Menschheit liegen, in der die Weihnachtsgeschichte erzählt wird, hätten deutsche Fachleute, Archäologen und Kunsthistoriker bei der Sicherung des Weltkulturerbes eine hervorragende Rolle spielen können. Der Irak-Krieg hätte dadurch ein ganz anderes Narrativ erhalten: Das Abendland begegnet dem Morgenland auf Augenhöhe. Die Oasenstadt Palmyra, zum Weltkulturerbe zählend, gibt es nicht mehr.

Fast noch gravierender als das offizielle deutsche Nein zum Irak-Krieg, das der Überprüfung der Realität nicht standhält, war die erneute Teilung Europas. Mit den Amerikanern gingen die Polen in den Irak und damit in eine Weltgegend, in der während des Zweiten Weltkriegs die sogenannte Anders-Armee »überwintert« und einen wichtigen Beitrag zur Stabilisierung der Südfront gegen Hitler-Deutschland geleistet hatte. In seinem Reisebuch »Entlang den Gräben« hat Navid Kermani eindrucksvoll über die Spuren berichtet, die diese Armee hinterließ. Auch andere mitteleuropäische Staaten sahen sich gezwungen, der Anti-Saddam Hussein-Koalition beizutreten. Hans Arnold, dem mittlerweile verstorbenen Ex-Botschafter und früheren Büroleiter von Willy Brandt in dessen Zeit als Außenminister, hielt die europapolitischen Konsequenzen der unterschiedlichen Wege für folgenschwer, die Deutschland und Polen beim Irak-Krieg einschlugen. Die Zeit der »Missverständnisse« zwischen Warschau und Berlin beginnt damals. Neues Misstrauen ist entstanden. Die Lehre, welche die Polen und Balten aus dem Irak-Krieg zogen, lautet: Nur die USA können die eigene Sicherheit garantieren. Das Bundeswehr-Bataillon in Litauen, nun auf dem Weg zur Brigadestärke, kämpft um verloren gegangenes Vertrauen.

Lead Nation im Baltikum

Über Nacht ist alles anders geworden. Die deutsche Präsenz in der Region wird deutlich verstärkt, die Bundeswehr wird schon bald eine multinationale Brigade anführen. Der russische Angriffskrieg hat jene bestätigt, die ihn seit Langem kommen sahen. Es hat auch an historischem Wissen und Empathie für die Ukraine gemangelt. 1918 hat das kaiserliche Deutschland versucht, quasi in letzter Minute eine deutsche Vorherrschaft über Osteuropa zu errichten. Die ukrainischen Eisenbahner machten damals den deutschen Blitzfeldzug möglich, der über die Krim bis vor die Tore von Baku führte!

Anzeichen für einen russischen Angriff gab es zuhauf. Die erste Attacke richtete sich 2007 mit einem Cyberangriff gegen Estland, Georgien und die Krim folgten. Dreimal nutzte der russische Diktator auf primitivste Weise das zeitliche Umfeld von Olympischen Spielen und verstieß gegen die seit der Antike geltende Friedenspflicht:

am Vorabend der Sommerspiele in Peking im Jahre 2008, nach den Winterspielen in Sotschi 2014 und unmittelbar nach dem Olympischen Winter in Peking im Februar 2022. Die Chinesen dürften informiert gewesen sein. Die Vorgänge erinnern an die Wochenend-Coups von Hitler, der glaubte, zwischen einem Freitagabend und Montagmorgen die westlichen Demokratien überraschen und vor »faits accomplis« stellen zu können. Russland hat sich somit zwischen 2008 und dem 24. Februar 2022 Zug um Zug aus dem Kreis der zivilisierten Nationen verabschiedet. Der Historiker Niebuhr schrieb 1830 mit Blick auf die revolutionären Ereignisse in Frankreich, Goethe werde doch nicht daran zweifeln, »dass wir der rohsten und widerlichsten Barbarei grade entgegengehen«. Beide wussten nicht, was das 21. Jahrhundert bereithalten würde. Viele Menschen, nicht nur die Führungsgruppe um Putin, haben sich schuldig gemacht. Politische Gegner im In- und Ausland wurden ausgeschaltet, vergiftet, ermordet. Bei einem Aufenthalt in Salisbury war die Attacke auf Skripal und seine Tochter am 4. März 2018 immer noch Tagesgespräch. Das Entsetzen der Bewohner der Kathedralstadt war groß. Von den Russen veranlasster politischer Mord in Deutschland wurde dagegen achselzuckend hingenommen.

Putin ist kein zweiter Hitler. Aber die Art und Weise, wie er verdeckt und offen als Chefstratege operiert, weckt schrecklichste Erinnerungen. Der rumänische Außenminister Grigore Gafencu, eine der interessantesten Gestalten auf diplomatischer Bühne am Vorabend des Zweiten Weltkriegs, fasste seine Eindrücke über ein Treffen mit dem deutschen Diktator am 29. April 1939 so zusammen: »(Hitler) wollte eine neue Ordnung schaffen, in der die alten Werte ihres inneren Sinnes beraubt gewesen wären: Europa seiner historischen Funktion, die Welt ihres Gleichgewichtes;

das Recht des Begriffs der Gerechtigkeit; die Moral des Gefühls der Barmherzigkeit; die Religion des Daseins Gottes. Er glaubte, einen solchen Plan verwirklichen zu können, wenn er ›bescheiden‹ vorginge – in Etappen.« Genau dies hat Putin getan und er tut es weiter!

Der Anfang letzten Jahres entfesselte russische Angriffskrieg hat auf beiden Seiten zu Verlusten im sechsstelligen Bereich geführt. Er ist, nach allem was die Region seit dem Ersten Weltkrieg durchgemacht hat, eine einzige Tragödie, fast eine Wiederauflage der Ereignisse von 1918/19. Damals schickten die Briten und Franzosen, die Amerikaner und Japaner Truppen in das auseinandergefallene Zarenreich. Die im neuen Ukraine-Krieg begangenen Verbrechen der Russen werden dokumentiert. Aber die unheimliche Nachbarschaft wird eine Fortsetzung finden. Russland wird bleiben, nicht als direkter Nachbar Deutschlands, denn sonst wäre auch Spanien ein Anrainer. Aber über minimale Kontakte auf dem Feld der Politik werden die Beziehungen nicht hinausgehen können, solange der Gesprächspartner Putin heißt. Beide Völker werden lange Rücken an Rücken leben, wenn es keine durchgreifenden politischen Veränderungen bei der Atommacht gibt.

Schlimmer noch, der Krieg drängt Deutschland zurück in die europäische Mitte, mit einem wachsenden Ostakzent. Die Distanz zu Frankreich und zu Großbritannien nimmt zu, die für Deutschland essenzielle Verklammerung mit dem Westen lässt nach. Berlin kann, wie die letzten Jahre zeigen, fürs Erste keine Strahlkraft entfalten. Der Krieg zeigt, dass sich Putins Russland zurzeit nicht wie ein europäisches Land verhält. Es droht mit der ultimativen Waffe und neigt – was die Kriegführung angeht – der asiatischen Landmasse zu. Viele Soldaten kommen von dorther. Der russischen Mehrheitsgesellschaft ist bei allem Re spekt für den einzelnen Menschen entgegenzuhalten, dass sie sich passiv verhält – mit dem Wissen, was im Krieg gegen Hitlerdeutschland geschah. Der römische Historiker Ammianus Marcellinus urteilte schon im 4. Jahrhundert n. Chr.: »Nichts ist hässlicher als höchste Autorität gepaart mit einem grausamen Wesen.« Die geschundenen Massen in den Millionenstädten, die auf Koffern sitzenden Wissenschaftler, Intellektuellen und Künstler, die verantwortungsbewussten Menschen im Lande, der nicht zu brechende Widerstand einer der rohen Gewalt ausgesetzten Protestbewegung, die jungen Russen, die im Krieg nicht sterben wollen, treiben den Betrachter um. Schätzungen zufolge haben 500 000 Menschen Russland seit Ende Februar 2022 verlassen. Sie werden als kritische Masse fehlen, sollte es zu überraschenden politischen Entwicklungen kommen.

Sie lebten ausweislich in einem Land, das sich asiatisch grausam verhält, das vor keinem Kriegsverbrechen zurückschreckt, einschließlich der Zerstörung der kulturellen Identität, der historischen Grundlagen der Ukraine. Schulen, Universitäten, Bibliotheken und Museen sind zu wichtigen Zielen der Aggressoren geworden. Erschütternd sind die Berichte über die Verschleppungen von Kindern, vom Abtransport von Einwohnern ganzer Städte nach Russland, von Vergewaltigungen und Gräueltaten. Noch einmal steigen in Deutschland die Erinnerungen an die Massenvergewaltigungen der Roten Armee am Ende des Zweiten Weltkriegs auf. Mütter und Tanten sind nun tot, aber die Fernsehbilder aus der Ukraine erschüttern, sie bringen den Betrachter zum Weinen. Das Verhalten der Roten Armee zwischen Oktober 1944 und Sommer 1945 war – was Deutschland angeht – zweifellos die Folge der vorangegangenen Kriegsjahre. Der deutsche Russlandkrieg, im Gegensatz zum »Normalkrieg« im Westen ein Vernichtungskrieg, bleibt unvergessen. Aber die Rote Armee beging damals auch in Ungarn, Polen und Jugoslawien massenhaft Verbrechen, die sich gegen Frauen, Kinder und alte Menschen richteten. Und sie tut es im 21. Jahrhundert beim Brudervolk wieder!

Für einen Ostpreußen der letzten Minute wie mich, im September 1944 in Rauschen geboren, kommt eine weitere Dimension der Geschichte der eigenen Familie hinzu, die Vertrautheit mit Russland, die emotionale Nähe zu dem gigantischen Land. Bei meiner ersten Reise in die Sowjetunion musste ich bei einem Abendessen mit viel Wodka eine spontane Rede halten. Die Russen hatten Tränen in den Augen, einige weinten, als ich das Leiden der Russen im Zweiten Weltkrieg und dann das Schicksal der eigenen Familie ansprach. Meine Großmutter ging als Kind mit ihrem Vater zum Einkaufen über die nahe Grenze. Sie eilte an dem Tag, an dem der Erste Weltkrieg ausbrach, die Tiefe des Einschnitts ahnend, zum Bahnhof von Eydtkuhnen. Dort trafen die Züge aus Russland und die Gegenzüge aus Westeuropa ein. Von der deutschen Normalspur ging es auf die russische Breitspur. Stundenlang schaute meine Großmutter dem Treiben auf dem Bahnhof zu und nahm die Eindrücke dieses historischen Tages in sich auf. Sie sah Begegnungen ohne Wiederkehr.

Die Augenzeugenberichte aus Ostpreußen, das die zaristische Armee im Ersten Weltkrieg vorübergehend teilweise besetzte, klingen übrigens ganz anders als die heutigen Frontberichte aus der Ukraine. Bis zur kommunistischen Machtübernahme kämpften die Russen mit den damals in Europa üblichen Praktiken, wie ich aufgrund einer großen Kriegsreportage meines Urgroßvaters weiß. Sie erschien Jahre später in mehreren Folgen in einer Lokalzeitung.

Wurde es in den masurischen Dörfern 1914/15 für die Frauen und Kinder gefährlich, bereinigten zaristische Offiziere die Situation. Meine Großmutter stand als Geisel bereits an der Wand, meine wenige Tage alte Mutter im Arm. Im letzten Augenblick erfolgte die Rettung. Die Soldaten, Bauernsöhne aus den Gebieten westlich des Urals, gehorchten ihren Vorgesetzten. Dann kamen 100 Jahre Einsamkeit Russlands und ein Rückfall ins Barbarische.

Der Flüchtlingshebel der Russen

Die militärische Bedrohung durch Russland für den Westen, für Europa, für die Frontstaaten Polen, Lettland, Estland und Litauen ist das eine. Aber die vielleicht größere Gefahr verbirgt sich hinter dem ungelösten Flüchtlingsdrama. Hier hat Putin in den letzten Jahren gleich drei Hebel in die Hände bekommen, die er jederzeit umlegen, jederzeit aktivieren kann. Gemeint ist die Ingangsetzung von gewaltigen Flüchtlingsströmen, auf die die Demokratien der Mitte Europas und des Westens humanitäre Antworten finden müssen. Von der Ukraine, von der Hoffnungslosigkeit, in der das Land bei längerer Kriegsdauer versinken könnte, war schon die Rede. Die andere Erdbebenzone, die seit Jahren existiert, ist der Nahe Osten, die Staaten, die »hinter der Türkei liegen«, und hier vor allem Syrien. Moskau ist 2015 in das Machtvakuum hineingestoßen, das entstand, als sich die USA, Frankreich und die Bundesrepublik nicht darüber verständigen konnten, eine Flugverbotszone über Syrien einzurichten. Bislang ist der »gatekeeper« die Türkei. Aber wird sie es immer bleiben? Kann sich ihre Interessenlage verändern? Welche Konsequenzen hat die

Erdbebenkatastrophe, die das Land heimgesucht hat? Was wird aus dem ebenfalls schwer getroffenen Syrien? Sicher ist, dass sich die Flüchtlingstrecks in der Zone zwischen Syrien und Afghanistan jederzeit in Bewegung setzen können, wenn Moskau es will.

Eine ähnliche Gefahr droht von der südlichen Gegenküste der EU. Vor allem Libyen entwickelt sich immer mehr zum Sicherheitsrisiko, weil sich Italien und Frankreich, die in dieser Frage tonangebenden EU-Länder, nicht einigen können, mit welcher Machtgruppierung im Staat man zusammenarbeiten soll. Gleichzeitig nimmt der Einfluss anderer Staaten zu. An den Flanken des Maghreb, in Ägypten, in Marokko, wirkt sich die Stabilitätspolitik des Westens, auch der Bundesrepublik, positiv aus. Tunesien ist ein Wackelkandidat, Algerien verschlossen. Aber vom Süden, aus dem Zentrum des Schwarzen Kontinents, drohen erhebliche Gefahren. In Mali ist es den Russen gelungen, mit geringen militärischen Kräften, mit den Wagner-Söldnern, die auch in der Ukraine kämpfen, das Land zu kippen. Sollten die Russen diesen Einsatz verstärken, droht eine Destabilisierung weiterer Staaten bis hinunter nach Burkina Faso und Nigeria. Und: Die Bevölkerung Afrikas wird sich binnen einer Generation verdoppeln, von jetzt 125 auf 250 Millionen Menschen. Die EU steht somit schon jetzt in einem Mehrfrontenkrieg, Ausgang offen.

Die Wellen des Pruth

Der Pruth, ein knapp 1000 km langer Fluss, entspringt in der Ukraine. Heute markiert er auf seiner langen Reise von den Karpaten zur Donau unweit des Örtchens Giurgiulesti die Grenze zwischen Rumänien und der Republik Moldau. In neuerer Zeit bildete die sumpfige Gegend in unmittelbarer Nähe zum Schwarzen Meer eine Kampfzone zwischen dem zaristischen Russland und dem Osmanischen Reich. Es gab einen Frieden von Pruth und in russischer Perspektive 12 (!) Türkenkriege zwischen 1568 und dem Ersten Weltkrieg. Während der Pruth-Schlacht im August 1944, die in ihrem Ausmaß kaum bekannt ist, vernichtete die Rote Armee 19 Wehrmachtsdivisionen. 150 000 deutsche Soldaten starben, weitaus mehr als in Stalingrad. Der Vater des ehemaligen Bundeskanzlers Schröder überlebte die erbitterten Kämpfe und fiel ein paar Wochen später in Transsylvanien. Der rumänische Außenminister Gafencu lebte zu dieser Zeit als Journalist im französischen Exil, nachdem er sein Land zu Beginn des Krieges als Botschafter in Moskau vertreten hatte.

Hektische westliche Reisediplomatie nach Ausbruch des Ukraine-Krieges, der Auftritt der deutschen Außenministerin bei einer Moldawien-Geberkonferenz, der Blitzbesuch von Verteidigungsministerin Lambrecht Anfang Oktober 2022 in dem bettelarmen Land, sind ein Indiz dafür, dass sich an der strategischen Bedeutung des Pruth nur wenig geändert hat. Das war schon in der Antike so. Wenn der Fluss in das Blickfeld der Weltpolitik gerät, kündigen sich tiefe Einschnitte an. Die Situation im Ukraine-Krieg kann sich hier jederzeit zuspitzen, wenn Russland Moldawien angreifen sollte oder Transnistrien zu Störmanövern ermuntern sollte. In diesem am Dnister liegenden Landstrich mit einer russophilen Bevölkerung sind russische Soldaten stationiert. Der erbitterte Kampf zwischen Russen und Ukrainern um die Schlangeninsel bot einen Vorgeschmack.

Deutschland und Europa ähneln in diesen Tagen dem römischen Imperium in dem Augenblick, in dem die Ostgrenze im letzten Viertel des 4. Jahrhunderts großflächig einbricht. Rom nimmt in einem Gebiet, das in der Nähe der heutigen Ukraine liegt, im Jahre 376 n. Chr. schlagartig eine sechsstellige Zahl von Menschen auf, von »Flüchtlingen«, eine für die damalige Zeit unerhörte Zahl. Auch an anderen Grenzen des Großreiches gibt es fortan immer wieder Chancen, eingelassen zu werden, um den Druck im Kessel des im »overstretch« befindlichen Großreiches zu vermindern. Ursula von der Leyen ähnelt daher in diesen Tagen einer römischen Kaiserin, die sich an jedem Morgen mit Schreckensnachrichten aus den entfernten Provinzen ihres Reiches konfrontiert sieht. Das Berlaymont-Gebäude, in dem die Statthalterin der bedrohten EU auch privat wohnt, nimmt Festungscharakter an, ein riesiger Klotz, entsprungen aus einem Film der »nouvelle vague« mitten in einem Wohnviertel. Auf dem Balkan wird zurzeit mit den Nachfolgern der Terwingen verhandelt. Alles will nun in die EU hinein, rette sich wer kann vor den Nachfolgern der neuen Hunnen, den russischen Kampftruppen bei ihrer »Spezialoperation«. Vorbereitet ist die Gemeinschaft darauf nicht.

Der Hunneneinfall an Pruth und Donau zerstört vor eineinhalbtausend Jahren die Lebensgrundlage der Goten. 200 000 Menschen, ärmliche Gestalten, ersuchen demütig mit flehentlichen Bitten, wie die Chronisten berichten, im Frühjahr 376 um Aufnahme in das Römische Reich. Kaiser Valens führt monatelange Gespräche mit den Anführern der Goten, schließlich willigt er ein, wie der Althistoriker Mischa Meier in seinem monumentalen Werk über die Völkerwanderung meisterhaft schildert. Im Kampf gegen die Perser benötigt Valens Menschenmaterial, neue Soldaten. Eine unübersehbare Menschenmenge, zumeist terwingische Goten, überqueren nun auf Booten, mit Flößen und Einbäumen, teilweise schwimmend die Donau und erreichen auf dem Südufer des Flusses den Boden des Römischen Reiches. Ein Chronist vergleicht die Neuankömmlinge mit »Sandkörnern in der Libyschen Wüste«. Chaos bricht aus, die Behörden sind überfordert. Die Ansiedlung der Goten scheitert, die Neubürger wenden sich gegen die Autoritäten, die sie ins Land gelassen haben. In der Schlacht von Adrianopel verliert Kaiser Valens zwei Jahre später sein Leben, das römische Heer wird von den Goten vernichtend geschlagen. Zeitgenossen begreifen das Ereignis als Epochenwende. »In den Annalen ist außer der Schlacht von Cannae an keiner Stelle eine so vernichtende Niederlage erwähnt«, resümiert der Chronist Ammianus Marcellinus, Verfasser der berühmten »res gestae«.

Dieser welthistorische Vorgang vor mehr als 1600 Jahren droht nun in derselben Region sich zu wiederholen. Und der Hauptbetroffene der Ereignisse wird Deutschland sein. In Wahrheit ist es die Bundesrepublik mit ihren 84 Millionen Einwohnern schon jetzt. Putins Russland, eine asiatisch agierende Macht, steht im Begriff, sich eine Zone der Verwüstung in seinem Vorfeld zuzulegen. Sie hat mit der Militärgrenze der Österreicher im 19. Jahrhundert auf dem Balkan, im Sandschak, an der Nahtstelle zum Osmanischen Reich, nichts gemein. Eher erinnert sie an die breite Zone der Zerstörung, welche die Franzosen im Rheintal unter Ludwig XIV. schufen und dabei das Heidelberger Schloss in Schutt und Asche legten. Die kostbare Bibliothek lagert bis heute im Vatikan. Auf eine russische Treuhandschaft kann Kiew aber nicht hoffen.

Millionen von Ukrainern werden wie die Terwingen ihre Lebensgrundlage verlieren und über kurz oder lang nach Westen ziehen, wenn es EU und NATO nicht gelingt, Russland aufzuhalten. Kiew konnte gehalten werden. Aber genauso wenig darf Odessa fallen. Dann ist die Ukraine nicht mehr (über)lebensfähig. Es droht der Exodus des flächenmäßig größten europäischen Landes mit einer Einwohnerzahl, die ebenfalls europäische Spitzenwerte erreicht. Die russische Teilmobilisierung und die Flucht von Zehntausenden jungen Russen in die Nachbarländer geben den Blick für eine noch größere Dimension des Problems frei: Russland als »failed state«, als eine gescheiterte Großmacht, der die Funktionselite den Rücken kehrt, Russland, ein vom Rost zernagtes Schlachtschiff, das langsam auf den Meeresgrund sinkt. Was wird aus dem großen Land werden. Werden seine Völkerschaften in alle Himmelsrichtungen streben, wie sie es am Ende des Ersten Weltkriegs taten? Wer kann das Land zusammenhalten? Was geschieht mit dem »oblast Kaliningrad«, dem Nördlichen Ostpreußen, wenn Lukaschenko in Weißrussland nicht mehr da ist?

Ein Sieg der Ukraine gegen Russland ist unwahrscheinlich. Günstigstenfalls könnte sich eine Art breiter Wechselzone zwischen der West- und der Ostukraine herausbilden, wie sie zur Zeit von Varus und Arminius jenseits des Rheins mit Aufenthalten »intra muros« und »extra muros« existierte. Das scheint Frankreich vor Augen zu schweben, wenn es vorschlägt, die Ukraine in einen Sonderstatus gegenüber der EU zu versetzen. Eine Möglichkeit, den neuen Limes so abzudichten, wie es den Römern vorübergehend gelang, ist nicht in Sicht, erst recht nicht, wenn größere Fluchtbewegungen aus Russland einsetzen sollten.

Der neue Limes

Tatsächlich wird schon seit einigen Jahren in Europa an einem neuen Limes gebaut. Alles begann mit Ungarn, ausgerechnet mit dem Land, das im Frühjahr 1989 den Eisernen Vorhang zerschnitt. Finnland spitzt mit seinem geplanten NATO-Beitritt bereits die Pfähle. Polen musste seine Ostgrenze mit einem hohen Zaun und Stacheldraht absichern, um durch Belarus künstlich ausgelöste Flüchtlingswellen abzuwehren. Litauen folgte diesem Beispiel. Zwei andere kleine Teilstücke des neuen Limes wurden schon vor Jahren auf afrikanischem Boden in den spanischen Enklaven Mellila und Ceuta fertiggestellt. Am Evros, einer natürlichen Barriere zur Türkei, patrouillieren griechische Grenzpolizisten. Überall auf dem Balkan wuchsen vorübergehend Zäune empor, als Merkels Flüchtlingspolitik die durch sowjetische Besatzungsherrschaft Geprägten verunsicherte. Und es kommt zu neuen Abriegelungen. An der Grenze von Kroatien und Bosnien-Herzegowina wird nachts ein lautloser Kampf um den Eintritt in die europäische Wohlstandsphäre ausgetragen, es herrscht Wilder Westen, bevor man im Westen ist. In der

Ägäis, am Libyschen Meer, in der Meerenge von Gibraltar, an den Gestaden der Kanaren und im Ärmelkanal betreibt Europa Symbolpolitik. Es hilft, es rettet und wehrt zugleich ab. Es lebt mit geliehener Zeit. Völkern mit einer jahrhundertelangen kolonialen Erfahrung ist dies mehr bewusst als den Deutschen. Daher bremsen sie mehr als Berlin ab. Der neue britische Premierminister wird diese Vorgehensweise intensivieren. Das Asylthema spielte beim Brexit eine große Rolle. Vom Grenzübertritt der Goten ins Römische Reich bis zum Untergang von Rom vergingen exakt 100 Jahre. Die Fernwirkungen der Kanonade von Valmy haben Goethe bis an sein Lebensende beschäftigt. Er verfolgte mit Sorge die Entwicklung, die Frankreich nahm, und sah Europa in seinen Grundfesten erschüttert: »Er könne sich nur darüber beruhigen«, sagte er, »dass er sie für die größte Denkübung ansehe, die ihn am Schlusse seines Lebens habe werden können.«

Asylpolitik mit Folgen

Meine Tochter kam bei der Einschulung in Bad Godesberg im Jahre 1985 in eine bunt gemischte Gruppe von Erstklässlern. Der Ausländeranteil lag bei etwa 30 Prozent, es gab Klassenkameraden aus Frankreich, der Türkei, aus Nigeria und weiteren Ländern. Die Eltern waren soziologisch betrachtet ebenfalls stark gemischt: Handwerker, Angestellte, Akademiker. Das »multikulti«-erfahrene Rheinland trug mit dazu bei, dass der Integrationsprozess der ausländischen Kinder beinahe unbemerkt vonstatten ging. Die muttersprachlichen Kinder zogen die anderen mit, die sensible, umsichtig handelnde Klassenlehrerin tat ein Übriges. Und heute? Freunde und Kenner Deutschlands, die hier studiert haben, sagen, man erkenne Deutschland nicht wieder. Es habe sich in den letzten 15 Jahren dramatisch verändert. Ein Gang über den Tauentzien oder die Wilmersdorfer Straße in der deutschen Hauptstadt mag diesen Eindruck bestätigen.

Der »Italiener«

Bevor ich mich auf heikles Terrain bewege, eines vorweg: Obwohl meine Haare mittlerweile grau sind, werde ich im eigenen Land in der Regel für einen Ausländer gehalten, in vielen anderen Staaten dagegen für einen Inländer. Das hat

Vor- und Nachteile: Beim Militär war ich der »Italiener«. Als ich in Freiburg studierte und meine spätere Frau zum Flughafen nach Zürich brachte, wurde ich beim Schweizer und deutschen Zoll »gefilzt«. Man duzte mich. »Wo hast du die Zigaretten?« Dabei ist es bis heute geblieben. Von Vorteil ist es, dass ich in den Lounges von deutschen Flughäfen lange Zeit allein sitzen kann. Erst wenn kein Platz mehr vorhanden ist, bekomme ich Nachbarn zur Linken und zur Rechten. Bei der Passkontrolle geht es mit der Schlange, in der ich ziemlich weit hinten stehe, rasch voran. Es wird durchgewinkt. Bei mir ist dann garantiert Schluss, ein strenger Blick, ein zweiter, dann zieht der Bundespolizist den Pass durch das Lesegerät. Es folgt ein weiterer, nun erstaunter Blick. Bei Begegnungen mit einem sehr bekannten Berliner Journalisten lautet die Standardbegrüßung: »Sie sind aber braun.« Ich trage es mit Fassung, es kann auch Verlegenheit des Gegenübers sein. Small Talk beherrschen die Deutschen nicht. Als ich im Bundeskanzleramt arbeitete, vergingen einige Wochen zwischen dem Kennenlernen mit dem Bundeskanzler und dem ersten Arbeitstreffen in Hamburg. Als Schmidt mit seiner Frau die Flugzeugkabine betrat, zeigte er mit dem Finger auf mich und sagte: »Wer ist denn dieser Terrorist?« Loki Schmidt besänftigte: »Aber Helmut!«

Noch amüsanter wird es im Ausland. Bei unserer Hochzeitsreise durch Skandinavien erhält meine Frau in einem Restaurant in Stockholm eine Speisekarte auf Schwedisch, ich auf Italienisch. Als sich der ägyptische Reiseführer in Kairo nach zweitägiger Begleitung von uns verabschiedet, fragt er mich: »Stammen Sie aus Marokko?« Bei einem Zwischenaufenthalt auf dem Flughafen von Istanbul verkrieche ich mich – ahnend, was mir blüht – in die hinterste Ecke. Das hindert einige Mitreisende nicht, mir auf Tür-

kisch Fragen zu stellen. Vermutlich geht es um Anschluss-
flüge. Kurzum, das Flüchtlingskind, das ich bin, sieht sich
als ein Bewohner der Gestade des Mittelmeeres. Überall
begrüßt man mich als »Landsmann«. An das Thema Migration und Flüchtlinge, so glaube und hoffe ich, kann ich
somit relativ unbefangen herantreten.

Die Migration macht vielen Staaten zu schaffen. In
Deutschland erhobene Statistiken helfen nicht unbedingt
weiter, sie sind schwer zusammenzuführen. Man kann mit
ihnen alles beweisen, nahezu alles widerlegen. Umso wichtiger ist der Blick über den Tellerrand. Was machen die
anderen? Wie stehen die Deutschen mit ihren Maßnahmen
im europäischen Vergleich und weltweit da? Ist das Thema
Migration auch anderswo ein Dauerthema? Es empfiehlt
sich Gelassenheit bei der Debatte. Es kann durchaus sein,
dass wir uns auf dem Weg zu einer Weltgesellschaft befinden, von der wir zurzeit noch nicht wissen, wie sie funktionieren soll. Dabei denke ich in an die Situation der Syrer
in der Türkei, an den Zug der Flüchtlinge, der sich von
Mittelamerika aus zum Rio Grande vorschiebt. Er findet
auch dort statt, wo ihn keine Kameras begleiten.

Die Merkel'sche Flüchtlingspolitik, im September 2015
im Alleingang gestartet, hat in der ersten Phase keine Soldaten an der Front verschlissen. Allein gelassen wurden
jedoch wichtige Zielgruppen im Hinterland, voran die Er-
zieherinnen in den Kitas, die Lehrer an Grund- und Haupt-
schulen, die Fachlehrer an weiterführenden Schulen sowie
viele Pfleger und Ärzte in Krankenhäusern. Sie waren und
sind die Ersten, die sich zusammen mit Polizeibeamten
und Sachbearbeitern in Ausländerbehörden der Masseneinwanderung der letzten Jahre zu stellen hatten.

Nicht nur der Blick auf den benachbarten Schulhof be-
weist es: Fast jedes zweite Kind unter 10 Jahren in Deutsch-

land hat einen Migrationshintergrund. Vor 15 Jahren war es jedes vierte Kind. Im bevölkerungsreichsten Bundesland, in NRW, befinden sich an vielen Grundschulen die Kinder von Ausländern in der Mehrheit. Nach der gängigen Definition hat man einen derartigen Hintergrund, wenn man selbst aus einem anderen Land stammt oder mindestens ein Elternteil hat, das bei der Geburt keine deutsche Staatsangehörigkeit hatte. Das trifft mittlerweile auf 22 Millionen Menschen in Deutschland zu. Der 30-Prozent-Wert von Bad Godesberg ist längst gerissen, nicht an einer Schule, flächendeckend.

Wie der Rest der Welt von Deutschland nicht anders erwartete, hat die Bundesrepublik die ersten Monate nach Beginn der massenhaften Ankunft von Flüchtlingen im Spätsommer 2015 mit Bravour gemeistert. Deutschland und das THW verschmolzen zu einem Synonym. Aber bis heute haben Bund, Länder und Kommunen es nicht fertiggebracht, überzeugende Strukturen für die Einwanderung zu schaffen. Eine dem Bundesinnenministerium nachgeordnete Behörde in einem ehemaligen SS-Kasernenkomplex mit Blick auf das Nürnberger Reichsparteitagsgelände reicht dafür nicht aus. Sie kann nur verwalten. Die Kommunen werkeln vor sich hin. Die Akteure vor Ort werden nicht miteinander vernetzt. Es fehlt eine zentrale Steuerung. Vor allem der Osten wirkt überfordert. In absoluten Zahlen ist der Anteil der Bürger ohne deutschen Pass gar nicht so stark gewachsen. Aber die Anstiege binnen weniger Jahre machen Sorgen. Was bis 2016 eine für Asylfragen zuständige Koordinatorin leistete, wie die *FAZ* am Fall von Cottbus unlängst schilderte, erledigen jetzt 19 Mitarbeiter. Bei sechs ist die berufliche Zukunft ungewiss, die Zahlungen aus dem Europäischen Sozialfonds laufen aus.

Hunderttausende von Syrern verharren noch immer in Hartz IV, seit 2023 dem Bürgergeld. Der Ausländeranteil ist hier seit 2016 von 25 auf 45 Prozent gestiegen. Migration erfordert aber auch Kreativität. Das beginnt beim Erlernen der deutschen Sprache. Wem es gelingt, in die staatliche Förderung zu gelangen, hat Anspruch auf 600 Stunden Deutschunterricht, dazu 100 Stunden Unterricht über Land und Leute, vor allem Erkenntnisse darüber, wie man im deutschen Behördendschungel zurechtkommt. Das Paket klingt sehr akademisch und wird von unterschiedlichsten Akteuren vermittelt, staatlichen Institutionen, Volkshochschulen, privaten Sprachschulen und Bildungswerken. Eine Differenzierung zwischen einem Einwanderer aus der EU mit akademischem Hintergrund und einem älteren Syrer mit minimaler schulischer Vorbildung gibt es nicht. Etwa 20 Prozent sind Analphabeten. Für die wichtigsten Herkunftsländer ist daher davon auszugehen, dass etwa ein Drittel der Flüchtlinge keine Schule bzw. lediglich die Grundschule besucht hat.

Es vergehen Monate, bis die Neuankömmlinge mit dem Unterricht bei einem der 1700 Veranstalter beginnen können. Die Honorare der Lehrkräfte sind dürftig, viele Ehrenamtliche unterrichten ohne entsprechende Qualifikationen. Viele Kurse sind unterbesetzt, Kontrollen finden nicht statt. Wenn man dem Unterricht fernbleibt, hat das praktisch kaum Konsequenzen, weil die rechtlich vorgesehenen Bußgelder selten verhängt werden. Die Betroffen setzen sich juristisch zur Wehr und bekommen zumeist recht. Die Zahl der Integrationsverweigerer ist nicht bekannt, dürfte aber im niedrigen zweistelligen Bereich liegen. Die Unterrichtsergebnisse sind bescheiden, knapp die Hälfte verlässt die Kurse mit einem unter A 2 liegenden Niveau. A 1 auf einer insgesamt sechsstufigen Skala heißt, sich auf einfache

Weise verständigen zu können, wenn der Gesprächsteilnehmer Rücksicht nimmt und langsam spricht.

Ohne jede Vorbereitung sind auch die Schulen von dieser über Nacht eingetretenen Entwicklung überrollt worden. Der Leidensweg der deutschen Lehrer, der in den 1980er-Jahren begann, ist somit weitergegangen: höhere Unterrichtsdeputate, mehr Tests und Prüfungen, eine Lawine von Bürokratie. Schulen werden zu Bewahranstalten. Die Gesellschaft reagiert nahezu teilnahmslos, außer man hat selbst Kinder. Über Nacht müssen die Schulen mit der neuen Herausforderung des Krieges in der Ukraine zurechtkommen. Es gilt, 200 000 ukrainische Kinder zu »beschulen«.

Die, welche die Interessen der Lehrer vertreten, nimmt man als Bürokraten wahr. Sie reden von Geld, von Computern, nicht von Inhalten. Die ohnehin nur schwach ausgeprägte gesellschaftliche Anerkennung des Berufs hat weiter gelitten. Wer will noch Lehrer werden? Der Schuljahresbeginn 2022/23 offenbart gigantische Lücken. Kultusverwaltungen berichten von Tausenden fehlenden Lehrern. Bundesweit fehlen nach Schätzungen 30 bis 40 000 Pädagogen. Die durch die Migration zusätzlich ausgelöste Unruhe in den Grundschulen wird sich fortsetzen. Wenn der Anteil deutschsprachiger Kinder unter 10 Prozent sinkt, wird der Lehrer zum Entwicklungshelfer. 30 Prozent der Grundschulabsolventen beherrschen nicht den Mindeststandard beim Rechtschreiben. Die Schule schafft die Sprachintegration nicht mehr allein.

Alles wäre noch viel schlimmer, wenn es nicht die Ehrenamtlichen und beherzt agierende Stiftungen gäbe. Sie gehen in die riesigen pädagogischen Lücken hinein, die sich auftun. Auch die vielfach gepriesene und voranschreitende Digitalisierung kann nur ein »tool«, ein Hilfsmittel, sein. Immer seltener ist davon die Rede, dass der Lehrerberuf unterschiedliche Persönlichkeitsprofile verlangt, gute Allrounder und Praktiker in den ersten Klassen, aber auch Freiräume für einen nachdenklichen, feinnervigen Gelehrtentypus in der Oberstufe bieten muss, an den sich Schüler zeitlebens erinnern. Der neuseeländische Bildungsforscher John Hattie sagt: »Auf den Lehrer kommt es an.«

Aus dem schwierigen, auf eine lebenslange Tätigkeit hin ausgerichteten Beruf wird ein Job werden – mit immer mehr Seiteneinsteigern und vielen, die aufgeben. Andere, die sich überfordert sehen und ihrer Aufgabe gerecht werden wollen, reduzieren ihre Deputate. Berlin, das jetzt verbeamtet und damit aus anderen Bundesländern Personal nachzieht, wird auch damit der Misere nicht Herr werden. Stattdessen wären kreative und unkonventionelle Lösungen angebracht. Es müssten Aufstiegschancen für besondere Aufgaben im System geschaffen werden. Man sollte gleichzeitig Lehrern die Chance geben, nach einem Jahrzehnt den Beruf zu wechseln, ohne die anteiligen Pensionsrechte zu verlieren. Das Herunterstufen durch die BfA geht mit signifikanten materiellen Einbußen einher und verhindert einen Berufswechsel. Wer soll in Klassen, in denen 90 Prozent der Kinder einen Migrationshintergrund haben, 35 Jahre lang durchhalten? Viele hören auf – ein Alarmsignal. Die Arbeitswelt der Pädagogen ist fluid geworden. Mit besserer Bezahlung lassen sich die Zumutungen allein nicht ausgleichen. Zudem ist die Eingruppierung für Grundschullehrer und Studienräte nun gleich, die Lehrergewerkschaft GEW hat gesiegt. Das bedeutet im Umkehrschluss, dass bei anhaltend großem Lehrermangel Gymnasiallehrer an Grundschulen versetzt werden. Dies geschieht derzeit schon in Berlin. Noch einmal, nicht die Soldaten, sondern die Pädagogen waren die ersten Opfer einer naiven, idealistisch geprägten Einwanderungspolitik. Covid hat vielen den Rest gegeben, jedenfalls seit geraumer Zeit.

Die neue Wirklichkeit

In meiner Schulzeit in den 50er-Jahren waren Klassenstärken von 50 Kindern normal. Die überwiegend männlichen Lehrer setzten mit eiserner Faust niedrige Geräuschpegel durch. Es hagelte Strafen, mitunter auch Prügel, erzieherische Methoden, die offensichtlich nicht verpönt waren, auch nicht in den Familien. Im Gymnasium gab es keine einzige Studienrätin. Die Lehrer ähnelten Privatdozenten. Sie verließen zusammen mit den Schülern um 13 Uhr 10 die »Anstalt«. Es gab wenige Verwaltungstätigkeiten für den einzelnen Lehrer, ein einziger Oberstudienrat als Stellvertreter des Direktors war für die Administration zuständig. Von den 1980er-Jahren an haben sich die Gesellschaft und damit der Bildungsbereich stark verändert, kaum ein Stein ist auf dem anderen geblieben. Viel zu wenig von den neu geschaffenen Planstellen ist im Klassenraum beim Unterricht angekommen. Lehrer ohne Passion für ihre Schüler haben sich in Verwaltungstätigkeiten geflüchtet. Erstaunlicherweise hat das Gymnasium vielerorts überlebt, die »Volksschule« und die Realschule sind hingegen in neuen Strukturen aufgegangen.

Die Wirklichkeit: In Schulklassen, die sich zunehmend füllen, stoßen die Neuankömmlinge auf die Enkel der ersten Generation der Gastarbeiter, die Deutschtürken. Im Unterricht sitzen Kinder von Russlanddeutschen, neuerdings junge Ukrainer, dazu Syrer, andere Kinder aus der arabischen Welt, Afghanen und Somalier, Westafrikaner. Religionen, Mentalitäten und Narrative reiben sich aneinander. Das 7. Jahrhundert trifft auf die Konflikte unserer Zeit, auf die Utopie gewisser gesellschaftlicher Gruppen vom Miteinander in einer multikulturellen Gesellschaft. Die Alarmmeldungen aus dem Freundeskreis, in dem es einige Lehrerinnen gibt, nehmen zu. Eine Freundin der Familie, mittlerweile pensioniert, arbeitet ehrenamtlich als »Lesepatin« in einer Grundschule. Von den 25 Kindern in der Klasse sind 4 muttersprachlich, ein Berliner Normalwert. Die sehr erfahrene, engagierte Klassenlehrerin bittet sie, um dem täglichen Chaos im Unterricht für ein, zwei Stunden Herr zu werden, eine Gruppe zu übernehmen. Im Grunde genommen müsste dies der Standard sein: zwei Lehrer pro Klasse.

Polnische Schulen verweigern neuerdings den Austausch mit Schulen in Deutschland, ein ernst zu nehmendes Signal in doppelter Hinsicht. Denn noch ist diese Nachbarschaft nicht gefestigt. Weiß hier niemand etwas über die »banlieues« von Paris, über die Marokkaner von Brüssel oder die Entwicklung, die englische Städte wie Bradford genommen haben? Glaubt man hierzulande wirklich, die Einwanderung besser bewältigen zu können als die anderen? Wie gesagt, wir müssen uns den Realitäten, der Wirklichkeit stellen, und das heißt, praktisch zu denken und zu arbeiten. Und sich darüber Gedanken zu machen, wie das Land bei einem »laissez-faire«-Verhalten in 25 Jahren aussehen könnte. Viel Zeit zum Gegensteuern, zum Gestalten, zum Antizipieren bleibt nicht mehr.

61 plus 23

61 plus 23 Millionen Menschen mit Migrationshintergrund sind somit eine Realität, ein Faktum, an dem – was die Größenordnungen angeht – nicht mehr zu rütteln ist. Die Menschen sind hier. Ökonomen der Deutschen Bank rechnen mit einem Zuwachs der deutschen Bevölkerung von gegenwärtig 84 Millionen Einwohnern auf knapp 86 Millionen bis zum Jahre 2030. Sie betonen die positiven Aspekte, vor allem für den Arbeitsmarkt. Aber diese einseitige Betrachtung hat schon in Zeiten der Ankunft der sogenannten »Gastarbeiter« zu eklatanten Fehleinschätzungen geführt. Warum wird eine Gesellschaft immer ausschließlich unter dem Gesichtspunkt des Arbeitskräftebedarfs gesehen? Warum darf sie nicht schrumpfen und sich dem Niveau der Briten, Franzosen und Italiener annähern und sich die Industrie entsprechend ausrichten?

Deutsche Naivität

Es verwundert die Naivität der Deutschen und das Verdrängungspotenzial, dass dieser historisch nahezu einmalige Bevölkerungszuwachs, diese Entwicklung quasi naturgesetzlich ablaufen könnte, der Erziehung von Kindern durch ältere Geschwister in der Großfamilie ähnelnd. Eine Fülle von TV-Reklamespots mit Migranten- und Adoptivkindern, die in letzter Zeit urplötzlich einsetzte, legt dies ja nahe. Auch das eingeschlagene Tempo, die Entschlossenheit, gültige Regeln bei der Einwanderung durch ein Aufweichen sogleich zu unterlaufen, verwundert. Asyl ist das eine, Einwanderung das andere. Hatten die deutschen Parteien nie die Entwicklungen und Fehlentwicklungen vor Augen, die in den Nachbarländern eingetreten sind, Staaten mit großen kolonialen Erfahrungen, auch im Umgang mit Menschen anderer Hautfarbe? Als Deutschland vor sieben Jahren seine Tore für Flüchtlinge nicht verschloss, war in diesen Ländern, ob in Großbritannien, in Frankreich, auch im großen Land der Einwanderung USA der Trend erkennbar, die Migration abzubremsen. Gänzlich aufhalten lässt sie sich ohnehin nicht. Stattdessen konkurriert Deutschland, was die absoluten Flüchtlingszahlen angeht, weiterhin mit den USA, einem ganzen Kontinent.

Warum entwickelten die deutschen Parteien nicht die britische Tugend, unvermeidlich eintretende Prozesse zu verlangsamen, um Zeit zum Gestalten zu haben? Stattdessen beschleunigte Merkel unter dem Beifall von Grünen und SPD die Entwicklungen. Wo waren die Absprachen mit Paris für syrische Flüchtlinge, für die Frankreich als frühere Schutzmacht unter normalen Umständen der Adressat Nr. 1 gewesen wäre, zumal den meisten Syrern Französisch als »Lingua franca« und Sprache der Elite vertraut ist und wichtige Oppositionsgruppen gegen Assad in Paris leben? Dass es zu keiner Verabredung kam, sagt viel über künftige deutsch-französische Absprachen auf dem Feld der Migrationspolitik aus. Die Konfliktlinien zwischen Paris und London über die Kontrollen am Ärmelkanal und die Verteilung von Flüchtlingen sind ein Vorspiel für Kommendes. Fachleute sagen voraus, dass die Schlagbäume nach Europa zurückkommen werden, wenn vor allem Deutschland an der bisherigen Asylpolitik festhält, einem »laissez-faire«.

Syrer und Afghanen

Der bei den Syrern an den Tag gelegte Idealismus wiederholte sich in der Bundesrepublik 2022 bei den Afghanen. Humanitäre Großaktionen verschleiern jedoch das Versagen der Politik. Die Grünen verkennen die Gefahren. Wieder werden die Europakompatibilität der Maßnahmen, ja die Proportionen im Weltmaßstab außer Acht gelassen. Richtig ist dagegen, dass die militärische Rolle unserer wichtigsten Partner in Afghanistan eine wesentlich größere als die deutsche war. Theoretisch müssten sie also deutlich höhere Zahlen an afghanischen Hilfskräften als die Deutschen gehabt haben. Aufgrund der deutschen Caveats (Vorbehalte) verschanzte sich die Bundeswehr jahrelang in ihren Camps. Die Soldaten berichteten davon, dass sie eingeflogen wurden, monatelang im Lager verblieben, um dann wieder ausgeflogen zu werden, eine merkwürdige Form der Selbstbeschäftigung. Warum daher nun dieser deutsche Übereifer, Afghanen aufzunehmen? Dient er dazu, aus schlechtem Gewissen deutsche Nichtaktivitäten zu verschleiern und erzürnte Bündnispartner zu besänftigen?

Flüchtlinge wurden lange Zeit in der Nähe ihrer Heimat untergebracht. Man setzte auf Rückkehr, bis der Vietnamkrieg dieses Paradigma veränderte. Aber es gilt weiterhin der Satz: »Ultra posse nemo obligatur.« (Niemand ist verpflichtet, Unmögliches zu leisten.) Die USA entschieden sich, 2022 insgesamt 125 000 Flüchtlinge aufzunehmen, darunter einige Tausend Afghanen. Das zweitgrößte Land der Welt, Kanada, will bis zu 20 000 Afghanen einreisen lassen, Frankreich 12 500. Die Bundesregierung hat dagegen Zusagen für 33 000 Afghanen erteilt, von denen sich bereits zwei Drittel im Lande befinden. Die Erklärungen der Bundesaußenministerin und der Bundesinnenminis- terin klingen so, als wenn dies nicht die Obergrenze sein muss. Es werden Parallelen zur Aufnahme von ukrainischen Flüchtlingen gezogen, die nicht greifen. Derartige Zusagen werden zu einer Zeit abgegeben, in der der Exodus aus der Ukraine noch nicht beendet ist, im Gegenteil jederzeit an- schwellen kann. Auch die bedauernswerten Türken sollen Visa erhalten. Sie kommen schon seit einiger Zeit in be- trächtlichen Größenordnungen. Derweilen melden Bayern und Baden-Württemberg sowie große Kommunen, dass die Grenzen der Aufnahme von Flüchtlingen erreicht seien, es gäbe keine Unterkünfte mehr. Wieder muss mit heißer Nadel gestrickt werden, auf Kosten der Kinder. Turnhal- len bieten sich als Ausweichquartiere an, wie schon einmal im Jahre 2015. Gleichzeitig wird der Kampf um eine be- zahlbare Wohnung in den Großstädten härter. Altenheime tauschen Bewohner gegen ukrainische Flüchtlinge aus, die mehr Geld einbringen.

Der europäische Vergleich

Die Asylbewerberzahlen halten sich seit dem besonderen Jahr 2015 in beherrschbaren Größenordnungen. 2021 wur- den 190 000 Asylanträge gestellt, mehr als doppelt so viele wie in Frankreich, viermal so viele wie in Großbritannien. 2022 lagen die Zahlen ähnlich hoch. Aber die Entschei- dungsschwäche des Landes hält an, denen zu sagen, deren Asylbescheid abgelehnt worden ist, dass sie gehen müssen, und entsprechend zu handeln. In letzter Konsequenz führt das an anderer Stelle zu Ungerechtigkeiten: Der Staat greift ein, wo er keinen Widerstand befürchten muss. Es werden einzelne Menschen und ganze Familien abgeschoben, die gut integriert sind, die in Deutschland eine Perspektive haben. Es fehlt den Behördenmitarbeitern an Ermessensspielräumen. Die Regelungsdichte – zumindest auf dem Papier – ist betoniert. Pro Jahr kommt es zu 10 000 bis 12 000 Abschiebungen. Viele scheitern in letzter Minute, an Gerichten, an Protesten, an der Weigerung von Piloten, verzweifelte Menschen auszufliegen. Dadurch hat sich ein Berg von über 300 000 abgelehnten Asylbewerbern aufgebaut, die geduldet werden. Aber wie geht es diesen Menschen? Nicht gut.

Die Kosten der Migration

Trägt man auf allen Ebenen, also beim Bund, den Ländern und Kommunen, die Kosten für die Migration zusammen, so liegt dieser Betrag bei bis zu 60 Milliarden Euro im Jahr. Die Kosten der Einwanderung sind also höher als der deutsche Verteidigungshaushalt. Die Ausgaben des Staates für den Normalbürger, den Bürgergeld-Empfänger und den Asylbewerber sind somit in etwa die gleichen: 1000 Euro pro Kopf und 12 000 Euro im Jahr. Nur ein Viertel derer, die 2015 nach Deutschland kamen, arbeitet in sozialversicherungspflichtigen Jobs, ein weiteres Viertel verfügt nur über ein geringfügiges Einkommen und zahlt nicht in die Sozialkassen ein. Die andere Hälfte verspürt nur wenig Neigung, den Bürgergeld-Bereich zu verlassen. Die gesellschaftlichen Kosten der Migration kommen hinzu. Es wäre unredlich, sie nicht sehen zu wollen: ein schnell wachsender Sozialstaat, eine Zunahme an Kriminalität bei jüngeren männlichen Migranten, die Bereitstellung von Gefängnissen, Maßnahmen für die Sicherheit im öffentlichen Raum. 1990, im Jahr der Wiedervereinigung, umfasste die Polizei im Bund und in den Ländern 240 000 Personen. Heute leisten 322 000 Frauen und Männer ihren Dienst, davon 50 000 bei der Bundespolizei. Circa 5700 im Sicherheitsbereich tätige Unternehmen mit 260 000 Beschäftigten ergänzen das Bild von einer Gesellschaft, die sich gegen neue Risiken wappnen muss. Gibt es neue Probleme, wird zusätzliches Wachpersonal eingestellt, eine Art von Sozialstaats-Armee bildet sich heraus.

Schweden, Polen, Frankreich

Zum »die Realitäten anerkennen« und zur Forderung, dass sich Deutschland in dieser wie in anderen essenziellen Fragen in einem europäischen Geleitzug bewegen sollte, gehört auch, die Situation in den beiden großen Nachbarländern Frankreich und Polen in Augenschein zu nehmen. Ebenso sollte man nach Schweden schauen, das lange Zeit die progressivste Asylpolitik in Europa betrieb.

Schweden vertrat bis 2015 die liberalste Migrations- und Flüchtlingspolitik in Europa. Bei einer Einwohnerzahl von 10,5 Millionen nahm es pro Kopf mehr Flüchtlinge als die Bundesrepublik auf. 2015 stellten 163 000 Flüchtlinge Erstanträge. Aber schon wenige Monate später passierte ein neues Asylgesetz den schwedischen Reichstag, das Einwanderung und Verbleib erschwerte und den Katalog an gesetzlichen Leistungen drastisch zusammenstrich. Am Ende des Jahres 2016 verzeichneten die schwedischen Einwanderungsbehörden 28 000 Bewerber. Auf diesem

Niveau haben sich die Asylbewerberzahlen inzwischen eingependelt. Sie seien noch immer zu hoch, sagen die Kritiker.

Die Debatte um die Größenordnung der Migration führte schon 2014 zum Einzug der Schwedendemokraten in den Reichstag. Die Rechtspopulisten sind mittlerweile die zweitstärkste Partei. Die das Land ein Jahrhundert lang regierenden Sozialdemokraten wurden durch ein bürgerliches Bündnis abgelöst. Zwei in etwa gleich große politische Lager stehen sich seitdem gegenüber, das Mitte-Rechts-Bündnis nach den jüngsten Wahlen mit leichten Vorteilen. In Wahrheit hat sich jedoch das gesamte politische Spektrum deutlich nach rechts verschoben. Der Ausländeranteil in Schweden ist trotz vorübergehender Rekordzahlen an Asylbewerbern noch immer relativ niedrig, er liegt bei 8,6 Prozent. In den Städten Südschwedens und in den Vororten von Stockholm wird die Sicherheitslage infolge der Schießereien zwischen rivalisierenden Banden als prekär wahrgenommen.

Polen hat bei einer Einwohnerzahl von knapp 38 Millionen mit 1,2 Prozent den geringsten Ausländeranteil aller Staaten Europas. Von 2015 bis 2017 verzeichnete Polen bei der Einwanderung einen negativen Saldo. Seit 2018 hat es ein Einwanderungsplus in der Größenordnung von etwa 50 000 Personen. 2021 wurden 7300 Asylanträge gestellt. Der Krieg in der benachbarten Ukraine hat das Land jedoch in eine beispiellose Lage gebracht: Polen hat binnen weniger Wochen rund 4 Millionen Flüchtlinge aufgenommen. Es könnte ein Fingerzeig für die künftige Asylpolitik der Europäer werden, den Bedrängten des Kontinents Priorität vor anderen zu gewähren. Bei den letzten Parlamentswahlen setzte sich das rechtskonservative PiS-Bündnis durch. Die Angst vor Überfremdung spielt bei Wahlkämpfen in Polen eine große Rolle. Bei der Aufnahme von Flüchtlingen aus der Ukraine unterscheiden die polnischen Behörden zwischen Ukrainern und Bürgern aus Drittstaaten, die keine längerfristige Duldung erhalten. Viele kommen nach Deutschland.

Frankreich, das nach der Ukraine flächenmäßig größte europäische Land, hat 67,75 Millionen Einwohner. Rund 15 Prozent der Bevölkerung haben einen Migrationshintergrund. Der Ausländeranteil beträgt 7,4 Prozent. Aus Syrien sind im letzten Jahr 2250 Menschen gekommen. Insgesamt wurden knapp 90 000 Asylanträge gestellt. In Frankreich, das wie kein zweites europäisches Land durch Anschläge mit islamistischem Hintergrund in den letzten Jahren gebeutelt worden ist, spielt das Thema Migration bei Wahlkämpfen eine herausragende Rolle. Innenminister Darmanin plant eine Gesetzesinitiative, nach der abgelehnte Asylbewerber sofort abgeschoben werden sollen. 19 Prozent aller Delikte werden von Ausländern verübt, in Paris knapp die Hälfte, in Marseille 55 Prozent! Der Integrationsprozess der Neuankömmlinge ist jedoch weiter vorangeschritten als in Deutschland. Frankreich stand und steht mit seinem nordafrikanischen Kolonialreich in enger Verbindung, die Einwanderung setzte eine Generation früher als in der Bundesrepublik ein. In West- und Zentralafrika ist der französische Einfluss weiterhin stark. In den schönen Künsten und in der Massenkultur Frankreichs spielen die Nachfahren nordafrikanischer Einwanderer eine erhebliche Rolle.

Fehlende Compassion

Die massenhafte Einwanderung nach Deutschland verändert das Land, sie schafft Gruppen, die mehr als andere von der Entwicklung betroffen sind. Und sie hat z. T. unvermeidliche Nebenwirkungen, die Kosten immaterieller und materieller Art verursachen. Um die Herausforderungen zu bewältigen, erfordert sie Mut zur Wahrheit, Ehrlichkeit und Fairness der Debatte. In einem bemerkenswerten Ausmaß nimmt Deutschland Anteil am Elend dieser Welt, möchte es Abhilfe leisten, treibt die jüngere Vergangenheit das Land um. Kein anderes entwickeltes Industrieland versorgt gegenwärtig über 2 Millionen Asylbewerber und über 1 Millionen geflüchtete Ukrainer. Anerkennung darf die Bundesrepublik dafür nicht erwarten, sie muss die Last der Erinnerung tragen, vielleicht etwas weniger darüber reden, manchmal besser schweigen. Gleichzeitig gibt es in Deutschland selbst ein erstaunliches Defizit an »compassion«, an Verständnis und Gefühl für besonders Betroffene der Migration, für Gruppen und für Einzelne – und hier auch vor allem für Mädchen und Frauen.

Mit dem Nicht-Schließen der Grenzen im September 2015 hätte ein enormer politischer Wille einhergehen müssen, die erwartbaren Prozesse zu gestalten, kraftvoll zu begleiten, anstatt ein Getriebener der Verhältnisse zu werden. Auf die Katastrophe im Atomkraftwerk von Tschernobyl im April 1986 reagierte Bundeskanzler Helmut Kohl mit der Errichtung eines Umweltministeriums. Der Frankfurter Oberbürgermeister Walter Wallmann, der später hessischer Ministerpräsident wurde, übernahm es. Wo blieb die vergleichbare Antwort, als im Spätsommer 2015 binnen kurzer Zeit etwa zwei Millionen Flüchtlinge nach Deutschland kamen? Warum wurde nicht ein Bundesministerium errichtet, in dem alle Aktivitäten für eine Massenankunft von Menschen aus vielen Teilen der Welt gebündelt sind? In einer Abteilung dieser großen Behörde hätten praktische Fragen angesiedelt werden müssen, die Registrierung und Steuerung der Asylbewerber an Orte, in Regionen, die für sie geeignet sind, die »Mediterranen« in Städte, andere in den ländlichen Raum. In einer zweiten sodann der Schulbau in großen Serien, der Bau von Internaten, die Entwicklung von Curricula, das Verfassen von Schulbüchern und digitalem Material, das Training von Lehrern und die Gewinnung von zusätzlichen Lehrkräften mit Sprachkompetenz. Das wären die kurzfristigen Maßnahmen gewesen. Nach den Erfahrungen mit der alles andere als gelungenen Gastarbeiterintegration hätte es schon im Herbst 2015 um längerfristige Überlegungen gehen müssen, um einen Masterplan für ein Einwanderungsland. Anders gesagt, es ging schon damals nicht nur um Schulen für Kinder und Jugendliche. Man hätte auch die Erwachsenen ins Blickfeld nehmen, Sprachkurse verpflichtend anbieten und elementare Kenntnisse über das Aufnahmeland vermitteln müssen. Eine Frankfurter Schulleiterin sagt: »Die Eltern entgleiten uns.«

Wie ein Land tickt, begreift man binnen weniger Tage. Ohne verallgemeinern zu wollen: Warum zeigen Migranten wenige Tage nach der Ankunft den Hitlergruß, wenn sie in eine für sie unangenehme Lage geraten? Bei einer großen Reise mit der Familie durch den Südwesten der USA hatte ich einmal ein aufschlussreiches Erlebnis. Auf dem Weg zu einer Fiesta im kalifornischen Santa Monica kam ich mit Frau und kleiner Tochter an einer durch flackernde Kerzen markierten Absperrung an, die von einem Polizeibeamten bewacht wurde. Das Ziel lag vor unseren Augen, nur wenige Meter entfernt. Da wir es gerne ohne größeren Aufwand erreichen wollten, liefen wir ein Stück entlang der Kette von Kerzen und überstiegen sie dann. Ein Pfiff mit der Trillerpfeife ertönte, der Cop stürmte heran, wies mich barsch zurecht und zeigte auf die Handschellen, die an seinem Hosengürtel baumelten. Ich verstand, es war – zugegeben – eine brachiale, uns erstaunende Reaktion. Aber nun herrschte Klarheit. Klare Verhältnisse im öffentlichen Raum, die Einhaltung von Regeln, wünschte man sich hin und wieder schon. Da ist in Deutschland manches eingerissen. Der britische Politologe Anthony Glees hat zu Beginn der Flüchtlingskrise im Jahre 2015 gesagt, Deutschland gebe sich im Moment als »Hippie-Staat, der nur von Gefühlen geleitet wird«.

Risiken

Statistiken, die dies belegen, gibt es nicht. Aber jeder, der durch die Fußgängerzonen deutscher Städte geht, der öffentliche Verkehrsmittel nach Mitternacht nutzt, der in dunklen Straßen sich mehrmals umschaut, wenn er Männerstimmen hinter sich hört, wird einräumen müssen, dass es eine atmosphärische Veränderung gibt. Die Aggressionen nehmen zu, der Respekt vor dem anderen nimmt ab. Erschreckend sind Meldungen über gezielte Angriffe auf Damen im hohen Alter, auffallend oft auf Friedhöfen. Sie sind nicht hinnehmbar und rufen nach einer öffentlichen Debatte. An der Mehrzahl der Fälle sind Migranten beteiligt, die Gewaltkriminalität bei Ausländern ist überproportional wie in Frankreich. Ihr fallen Mitglieder der Mehrheitsgesellschaft und andere Migranten zum Opfer. Längst hat sich die Nation darauf eingerichtet, dass sie jederzeit mit einem schweren Anschlag rechnen muss. Die Kanzlerin brauchte erstaunlich lange Zeit, bis sie zum Anschlagsort am Berliner Breitscheidplatz kam. Ein Jahr später warteten die Angehörigen der Opfer noch immer auf ein Kondolenzschreiben von Merkel. Die Reden der Politiker zeigen Hilflosigkeit. In Orten, in denen es Anschläge gegeben hat, bleiben Wunden zurück und können jederzeit wieder aufbrechen. Ludwigshafen-Oggersheim, wo Helmut Kohl einmal lebte, zählte nach dem Amoklauf eines Somaliers zu den jüngsten Fällen, gefolgt von dem tragischen Tod eines deutsch-türkischen Mädchens in der Nähe von Ulm, gefolgt von der Tragödie im schleswig-holsteinischen Regionalzug mit mehreren Toten.

Die Sicherheitslage

Viele junge Migranten kommen mit der Gewalterfahrung ihrer Heimatländer nach Deutschland. Sie erfassen den zivilen Charakter der Bundesrepublik nicht oder deuten ihn falsch. Mit dem Gefühl, rasch an den Rand der Gesellschaft abgedrängt zu werden, bewaffnen sie sich. Jeder dritte Jugendliche in Niedersachsen führt ein Messer. Der Erwerb ist spielend leicht, man erwirbt ein Symbol für Männlichkeit und findet Nachahmer. In NRW gibt es mittlerweile jede Woche einen Messerangriff auf einen Polizisten. Bei vielen Polizeibeamten breitet sich Resignation aus. Sie erwarten von der Politik ein härteres Anfassen. Polizistinnen berichten, dass die jungen Männer zwischen 20 und 30 Jahren sie nicht akzeptieren.

Hört man Polizisten zu, wie sie ihren Alltag erleben, so sind dies gewiss Einzelstimmen. Aber sie ergeben ein Bild, ein Panorama der wachsenden Respektlosigkeit vor der ordnenden Hand des Staates. Es genügt mitunter schon, dass ein Polizist auf Streife einen Migranten anspricht, um eine Zusammenrottung von Dutzenden von Personen auszulösen. Leicht kann die Lage dann eskalieren, die Polizisten ziehen sich in den Streifenwagen zurück, Verstärkungen kommen, Schäferhunde werden eingesetzt, Tränengas trifft Schuldige wie Unschuldige. Vor allem in Berlin lässt sich beobachten, dass der mangelnde Respekt gegenüber der Aufgabe der Polizei weit über den Kreis der Einwanderer hinausgeht. Es drohen rechtsfreie Räume.

Im Grund genommen sind hier Entwicklungen eingetreten, die man hätte auffangen müssen, weil sie erwartbar warten. Die Ankunft einer sechsstelligen Zahl junger Männer binnen weniger Jahre, die geringe Chance, einen Partner zu finden, löst massive Enttäuschungen aus. Kommen Gewalttäter vor Gericht, ist auffallend oft von einer psychischen Ausnahmesituation, von psychischer Erkrankung die Rede. Mittlerweile gehen 14 Prozent aller Gewalttaten gegen das menschliche Leben auf Migranten zurück. Viel spricht dafür, dass die jungen Ankömmlinge schon nach kurzer Zeit in eine Krise geraten, dass ihre Vorstellungen vom Glück auf einem anderen Kontinent mit der Realität nicht zusammenpassen, dass der Mensch vom Brot allein eben nicht lebt. Unter solchen Umständen berührt der Tod des 16-jährigen Senegalesen in Essen wenige Wochen nach der Ankunft in Deutschland auf besondere Weise. Andere werden zum Helden. Als in Hamburg ein Passant bei einer Messerattacke stirbt, bewaffnen sich junge Migranten spontan mit Stühlen und Abstandsgegenständen, um den Täter im Schach zu halten, kein Einzelfall. Die veränderte Sicherheitslage hat auch Folgen für den Polizeieinsatz. Der Beruf ist gefährlicher geworden. Die Bedrohung durch ein Messer mit Klinge verringert die Reaktionszeiten der Beamten, die Elektroschocker wirken nur auf wenige Meter. Kommt der Angreifer näher, ist die Entscheidungssituation da.

Gefahren für Frauen

Als Vater einer Tochter komme ich nun zu einem besonders heiklen Thema, das da ist, aber nicht zur Kenntnis genommen wird. Ich meine die Risiken für junge Mädchen und Frauen in der neuen deutschen Gesellschaft. Statistiken dazu gibt es nicht. Aber der bloße Blick in Regionalzeitungen über einen mehrmonatigen Zeitraum hinweg reicht aus, um zu zeigen, dass die Sorgen berechtigt sind. Warum gibt es kein öffentliches Interesse? Weil mehrere Tabuthemen aufeinandertreffen. Auf der einen Seite spielt die Emanzipation der Frauen in dieser Gesellschaft eine große Rolle, die vordergründig wenige Zwänge ausübt. Aber ist es ein Ausweis von Emanzipation, nach einer Party oder einem Barbesuch nachts mutterseelenallein durch menschenleere Straßen zu gehen und sich Gefahren auszusetzen, die in diesem Ausmaß noch vor wenigen Jahren nicht existierten? Als ich in New York City einmal den falschen A-train nehme und in eine Straße einbiege, die mich binnen weniger Minuten an mein Ziel bringen soll, sagt mir ein Passant auf Nachfrage: »Ich würde an Ihrer Stelle diesen Weg nicht nehmen.« Zum Glück sind wir in Deutschland noch nicht so weit. Aber es mangelt an Bewusstsein für Gefahren. Ein junges Paar, das an einem Frühlingsabend am Rhein zeltete, zahlte dafür einen hohen Preis.

Es gab in Freiburg und im ganzen Land einen Aufschrei, als eine 19-jährige Studentin in der Nacht des 16. Oktober 2016 an der Dreisam von einem afghanischen Asylbewerber ermordet wurde. Es war der erste Fall, der eine junge Frau aus der deutschen Oberschicht traf. Die tapferen, in Brüssel lebenden Eltern schwiegen, die Tagesschau auch. Der Tod einer 15-Jährigen Ende 2017 im pfälzischen Kandel, ebenfalls von einem Afghanen verursacht, spaltete einen ganzen Ort. Im Frühjahr 2018 tötete ein junger Iraker eine 14-Jährige aus Mainz. Auch ihr Tod erregte bundesweites Aufsehen. Hätte es weitere, ähnlich gelagerte Fälle gegeben, hätten die überregionalen Medien darüber berichten müssen, wäre der Druck auf die Politik rasch massiv angewachsen. Es passierte aber nichts, weil – so die These – sich die meisten späteren Tragödien in der Unterschicht und unteren Mittelschicht abspielten. Viele Vergewaltigungen wären vermeidbar, wenn es ein Mindestmaß an Aufklärung, an »kultureller Aufklärung«, geben würde. Sie müsste in den Schulen stattfinden, besonders in Berufsschulen. Und sie sollte junge Migranten ansprechen, auf kluge Art und Weise – mit Fantasie.

Die Sicherheit im öffentlichen Raum hat seit 2015 sichtbar gelitten. Sie gefährdet nicht nur erlebnishungrige junge Frauen, sondern auch Frauen im Alltag. Schichtarbeiterinnen, die sich in der Dunkelheit des Wintermorgens auf den Weg zur Arbeit begeben müssen, durchqueren mit Sorgen Unterführungen. Warum gibt es keine Videoüberwachung, warum werden bestimmten Passagen nicht ausgeleuchtet und mit Alarmknöpfen versehen? Gleiches gilt für die Abend- und Nachtstunden. Wo sind die Sammeltaxis? Die Betroffenen haben in diesem Land keine Lobby. Nachts ist es auf dem Lande und in kleinen Orten nicht ohne Risiko, sich allein auf den Heimweg zu machen. Die Statistiken verschleiern die Realität, die Zahl der Vorfälle scheint gesunken, ist aber immer noch zu hoch. Eine schätzungsweise dreistellige Zahl von Mädchen und jungen Frauen sind seit 2015 infolge dieses unbegleiteten und unkommentierten »Zusammenpralls der Kulturen« in Deutschland ums Leben gekommen.

In den überregionalen Medien herrscht bei Straftaten, in die Migranten verwickelt sind, das große Schweigen. Es lässt sich aber selten durchhalten. Spätestens einen Tag nach einer Gewalttat wird zwischen Mehrheitsdeutschen, Passdeutschen und Migranten differenziert. Als es im August 2022 zu dem unfassbaren Hitlergruß im Olympischen Dorf von München in dem Augenblick kommt, als eine israelische Delegation vorbeigeht, registriert Deutschland mit Erleichterung, dass der Täter ein Migrant war. Das darunter liegende Problem bleibt. Offener Umgang ist ratsam, die Menschen sind nicht dumm. Das gilt auch für genaue Erhebungen zur Silvesternacht in Berlin.

Migrantinnen

Die neue Realität in Deutschland verlangt ebenso ein Nachdenken über die gesellschaftlichen Kosten der unzureichend begleiteten Einwanderung. Sie betrifft nicht nur Frauen der Mehrheitsgesellschaft, sondern in wesentlich größerem Ausmaß Migrantinnen, die sich dem Gastland, der neuen Heimat, öffnen. Dass es noch immer sogenannte »Ehrenmorde« gibt, ist schwer zu begreifen. Oft kündigen sie sich an. Der tragische Tod von zwei jungen Tunesierinnen in einer norddeutschen Kleinstadt wurde unlängst zum Fanal, er löschte das Leben von zwei hoffnungsvollen

Frauen aus. Der Mörder war ein Migrant, ein fünffacher Vater. Neben unendlichem Leid entstehen für die deutsche Gesellschaft somit Kosten, die sehr, sehr lange Wirkungszeiten haben, traumatisch wirken können. Die Belegung der Gefängnisse mit überproportional vielen Migranten ist ein weiteres Indiz für Sackgassen, in die sich die deutsche Gesellschaft hineinbewegt. Vor allem in kleinen Orten erschüttern von Migranten begangene Gewalttaten die Menschen und sorgen für einen Gesprächsstoff, der sich in der Fläche auszubreiten beginnt. In Ansbach zündete ein Syrer im Juli 2016 eine Bombe, die ihn selbst tötete und 15 Menschen verletzte. Ein Afghane griff Angang September 2022 mit Allahu-Akbar-Rufen Reisende unweit des Ansbacher Bahnhofs an, verletzte mehrere Personen und wurde von der Polizei erschossen.

Eine offene, ehrliche Debatte über Kollateralschäden der Einwanderung wäre förderlich, um Ängsten zu begegnen und am Ende den öffentlichen Raum mit praktischen Maßnahmen sicherer zu machen. Das Schweigen ist Wasser auf die Mühlen der AfD. Ihre Performance ist lächerlich, leicht durchschaubar, besonders degoutant wegen der historischen Tabubrüche. Aber sie hält sich auf bemerkenswert hohem Niveau, an die NSDAP in den Jahren 1930 bis 1932 erinnernd. Sie ist sehr stark im Osten und damit auch ein Divider zwischen den beiden Teilen der Nation. Keine Argumentation hat dazu beitragen können, dass sich an diesem unerquicklichen Zustand einer ekelhaft auftretenden Partei etwas ändert.

Im Gegenteil, die Emotionalisierung der Debatten über die Migration spaltet die Gesellschaft. Jene, die mit Zwischentönen argumentieren, sind leise geworden. Der erhoffte Merz-Effekt – eine Rückkehr von vernünftigen Konservativen von der AfD zur Union – hat sich bislang nicht

eingestellt. Aber wahr bleibt, dass die einstige Anti-Euro-
und Professoren-Partei in dem Jahr erstarkte und aus ihrer
Bedeutungslosigkeit herausfand, als die damalige Kanzlerin erklärte: »Wir schaffen das.« Der durch die massive
Einwanderung verunsicherte Teil der Gesellschaft, vor
allem die Älteren, die ihre Prägung in der »weißen« Bundesrepublik erhielten, wird von den Parteien mittlerweile
kaum mehr angesprochen. Selbst der Bundespräsident hat
hier nie den richtigen Ton getroffen.

Aufschieben, Abwarten, Schönreden – Erkundungen zur Mentalität des Landes

Im Frühjahr 1848 lag in Berlin die Macht für ein paar Wochen auf der Straße. Die Bewohner der Stadt errichteten Barrikaden, das Militär ging gegen die Protestierer vor, Hunderte von Menschen starben. Es stellte sich die Machtfrage. König Friedrich Wilhelm IV. lenkte ein, das Militär wurde aus der Hauptstadt abgezogen, Reformen und eine Liberalisierung der Gesellschaft versprochen. Aber nur wenige Monate später schloss sich das »window of opportunity«. Das deutsche Bürgertum knickte ein, begab sich in den Schoß der Monarchie zurück, die zum Greifen nahe Parlamentarisierung unterblieb. Die Soldaten gehorchten dem König, als dieser sie rief. Preußisches Militär unterdrückte den Traum der Badener von der Demokratie, Zehntausende emigrierten in die USA. Frankreich schaffte zur gleichen Zeit, als in der Frankfurter Paulskirche darüber diskutiert wurde, bis wohin Deutschland reiche, die Monarchie ab. Die Deutschen schoben das Problem 70 Jahre vor sich her, ohne es lösen zu können. Bis heute fehlt dem deutschen Bürgertum Selbstbewusstsein gegenüber dem Staat.

Zwischen 1930 und 1933 machte sich dies auf bitterste Weise bemerkbar. Die erste deutsche Republik wäre in der

Schlussphase nur durch Massenproteste zu retten gewesen. Es hätte zu einem Aufstand der Demokraten kommen müssen. Da große Teile der politischen Klasse versagten, kam nur die Sozialdemokratie infrage, die mit dem paramilitärischen Reichsbanner Schwarz-Rot-Gold, mit Gewerkschaftsorganisationen und Arbeitersportverbänden über ein beachtliches Potenzial verfügte. Die SPD regierte in Preußen, dem größten deutschen Einzelstaat mit einer Ausdehnung von Aachen bis nach Königsberg. Der Regierung Braun unterstanden 40 000 Polizeibeamte. Aber die SPD-Führung resignierte, als die Reichsregierung mithilfe des Notverordnungsrechts das Bundesland auflöste und damit eines der letzten Bollwerke gegen die Machtübernahme der Nationalsozialisten beseitigte. »Ich bin 40 Jahre lang Demokrat gewesen und werde jetzt nicht Bandenführer werden«, sagte Ministerpräsident Braun einem Vertrauten. Aber zu einem deutschen Garibaldi hätte sich jemand aufschwingen müssen. Die Sozialdemokratie vertraute dem Rechtsstaat, setzte auf den Staatsgerichtshof in Leipzig und auf die Reichstagswahlen am 31. Juli 1932. Aber die Wähler honorierten das ehrenhafte Verhalten der Partei nicht. Die politischen Ränder erstarkten, die Mitte schmolz ab. So blieb es bei einem symbolischen Auflehnen, der letzten Sternstunde der SPD, als Otto Wels seine bewegende Rede gegen das Ermächtigungsgesetz hielt. Sechs Wochen später war die Diktatur fest installiert. Daher kann man angesichts der Schlussphase der Weimarer Republik und den ersten Wochen der NS-Diktatur von einem Kollektivversagen des Landes sprechen. Die Verbrecherbande hätte – was die Kräfteverhältnisse angeht – hinweggefegt werden können. Die SA war hirnlos, die SS in den Anfängen.

Es folgten zwei von den Siegermächten begleitete Nachkriegsgenerationen, die sich um den Wiederaufbau des Landes kümmerten, die Demokraten wurden, selbst Adenauers viel geschmähte Topbeamten und NS-Richter. Woher hätte eine neu formierte republikanische Elite auch kommen sollen? Es gab sie nicht. Zu Recht bekamen die NSDAP-Mitglieder Schiller, Ehmke, Eppler, Scheel, der später Bundespräsident wurde, Genscher und Ertl ihre Chance, sie waren Geläuterte, dazu der spätere Nobelpreisträger Günter Grass. De Gaulles Frankreich hatte mehr Glück. Ein paar Tausend Frauen und Männer glaubten in nahezu aussichtsloser Lage an die Zukunft des Landes. Was mit Symbolpolitik begann, endete vier Jahre später mit dem Einzug des Generals in Paris. Als sich die Alliierten 1994 militärisch in Berlin verabschiedeten – die Russen in einer getrennten Veranstaltung –, waren entscheidende Jahre für den außenpolitischen Lernprozess des wiedervereinigten Landes verstrichen. Die Ostdeutschen, die in einem über-militarisierten Land gelebt hatten, waren noch nicht so weit. Aber auch der Westteil des Landes spielte »alte Bundesrepublik«. Mühsam raffte man sich zu einer Eindämmung der Konflikte auf dem Balkan auf. Danach begab sich das Land geistig und hinsichtlich seiner militärischen Fähigkeiten auf den Rückzug. Es spricht viel dafür, dass Angela Merkel daran dachte, militärische Interventionen der Bundeswehr gänzlich zu beenden. Anstrengende Flüge nach Afghanistan überließ sie eines Tages ihren Ministern und tauchte auch an anderen Krisenschauplätzen auf der Welt nicht mehr auf. Die letzte Begegnung mit der Truppe, der große Zapfenstreich bei eisiger Kälte und ohne schützendes Plaid, wurde zu einer merkwürdigen Veranstaltung.

Bei der Innenpolitik ließ sich Ähnliches beobachten: Abwarten, Taktieren. Die Klärung der Machtfrage wurde in der Union aufgeschoben. Eigentlich hätte es eine Revolte gegen Merkel nach der verlorenen Landtagswahl in Hessen im Oktober 2018 geben müssen. Merkel warf Ballast ab, verzichtete auf den Parteivorsitz, aber unterließ es, das Rücktrittsdatum als Kanzlerin anzugeben. Normalerweise warten die deutschen Parteien nicht das Ergebnis der nächsten Bundestagswahl ab, normalerweise klären sie die Machtfrage zuvor. Die Union unterließ dies, niemand bekam den Kanzlerbonus, es wurde bis zum bitteren Ende abgewartet. Merz wurde durch Merkels Frauenbataillone ausgeschaltet, die es mittlerweile auch in den Medien gab. Laschet wurde als zu unernst-rheinisch gesehen, zudem durch die Flutkatastrophe und ein in dieser Situation unangebrachtes Lachen geschwächt. Söder wurde von den Königsmachern Schäuble und Bouffier gestoppt. Bis zum politischen Ende von Merkel blieb Bouffier ein getreuer Eckart. Eine nahezu sichere CDU-Kanzlerschaft wurde somit aus der Hand gegeben.

Wenn der Eindruck nicht täuscht, sind die Entscheidungsschwäche und das Abwarten fester Bestandteil der deutschen Politik unter Kanzlerin Merkel geworden, akzeptiert und getragen von der Bevölkerung. Nur so lässt sich erklären, dass es auf dem Weg zum Angriffskrieg Russlands gegen die Ukraine nie Haltepunkte gab. Zwar erfolgte im März 2011 ein öffentlicher Aufschrei, als sich Deutschland in den UN bei einer Libyen-Resolution der Stimme enthielt und an der Seite von China und Russland landete, aber man wartete weiter ab. Die Kritiker von Merkel und Westerwelle, später von Steinmeier, resignierten. So kam es zum Totalversagen der deutschen Außen- und Sicherheitspolitik, zur Stunde der Wahrheit am 24. Februar 2022. Die Kontinuität der Irrtümer und Illusionen vereinte die politischen Parteien, den am Ostgeschäft interessierten Teil der deutschen Wirtschaft und die deutsche Bevölkerung in ihrer Bequemlichkeit. Die deutschen öffentlich-rechtlichen Medien haben, von Ausnahmen abgesehen, seit 1990 nichts dafür getan, den Blick der Deutschen für das Weltgeschehen zu öffnen. Das Diskussionsniveau über Außen- und Sicherheitspolitik in den Talkshows ist beklagenswert.

Man konnte diese Einstellung, dieses Verdrängen der Realität, gepaart mit einem Schuss Heuchelei, in den zurückliegenden Jahren besonders gut bei der Diskussion um das Zwei-Prozent-Ziel der NATO beobachten. Die Politik sagte den Partnern zu, die Bundeswehr Zug um Zug auf ein entsprechendes Niveau bei Ausgaben und Einsatzbereitschaft der Truppe zu bringen. Aber kaum dass das Versprechen erfolgt war, begann die Debatte darüber, was unter 2 Prozent zu verstehen sei, ob die Entwicklungshilfe berücksichtigt werden müsse, welcher Zeitraum gemeint sei ... Kritiker der sogenannten »Aufrüstung«, die keine war, sondern angesichts der heutigen Lage bittere Notwendigkeit, glaubten besonders schlau zu sein, wenn sie das Thema Verteidigung ins schier Uferlose, in allgemeine Betrachtungen über die Lage der Welt ausweiteten. Als die NATO 2016 beschloss, einige Tausend Soldaten in Litauen fest zu stationieren, sprach der damalige Außenminister Steinmeier von »Säbelrasseln« und »Kriegsgeheul«. Putin ließ sich die Chance nicht entgehen, die deutsche Öffentlichkeit zu verunsichern, und kündigte die Stationierung von drei Divisionen in Grenznähe an. Dass Berlin seit Jahren durch russische Kurzstreckenraketen mit atomaren Köpfen von Königsberg aus bedroht wird, wurde verdrängt und kaum zur Kenntnis genommen.

Ebenso wenig wurde beachtet, dass Russland sein Militär modernisierte, viel Geld für die Armee bereitstellte, in der sich knapp eine Million Soldaten unter Waffen befinden und es zwei Millionen Reservisten gibt. Die Anzahl der Kampfpanzer ist ebenfalls beeindruckend, in den Rüstungsbetrieben Russlands wird neuerdings rund um die Uhr gearbeitet. Im Fünftagekrieg gegen Georgien zeigte diese Armee ihre Schlagkraft, sie kann nicht gänzlich verschwunden sein. Einige der besten Einheiten sind in unmittelbarer Nähe zu den baltischen Staaten stationiert, z. B. die Garde-Luftlandedivision in Pskow. Als sich der weißrussische Diktator Lukaschenko vor drei Jahren vollends in die Hände von Putin begab und die Demokratiebewegung im eigenen Land niederschlug, rückten russische Kampfverbände noch näher an NATO-Gebiet heran, während im Westen die militärische Reaktion schwach blieb. Daher gab es in Deutschland so gut wie keine Vorbereitungen auf das Szenario, das sich seit mehr als einem Jahrzehnt abzeichnete. Damals kündigte Putin seine »Reconquista« an, ein Wiedereinsammeln vermeintlich russischen Territoriums – und er begann mit der Umsetzung des imperialen Traums. In Berlin wurde weiter abgewartet.

Deutschland hat verlernt, auf sich abzeichnende Veränderungen zu reagieren. Spontan auf eine Herausforderung zu antworten ist nahezu undenkbar. Helmut Schmidt fragte einmal im kleinen Kreis in einem Saal des Reichstages, was geschehen würde, wenn es zu einem Luftangriff auf das Parlament käme. Er wartete einen Augenblick ab und nahm die Antwort der Anwesenden vorweg: »Nichts würde passieren, nichts.« Seit den Tagen von Außenminister Genscher geht man in der deutschen Außen- und Sicherheitspolitik von den günstigsten Annahmen aus. Wenn sie nicht eintreten, muss man weiter miteinander reden. Die befreiende Aktion, die Tat, ist dem Land fremd. Die politikwissenschaftliche Literatur über Prävention füllt ganze Bibliotheken, aber es herrscht ein tiefes Misstrauen gegenüber dem gesunden Menschenverstand. Durch Überregulierung aller Lebensbereiche ist die Bundesrepublik zum Selbstfesselungskünstler mutiert.

Bürgermeister in Rheinland-Pfalz und in NRW schauten im Juli 2021 fassungslos aus dem Fenster, sahen Fluten von kleinen Nebenflüssen des Rheins zu reißenden Strömen anschwellen und benachrichtigen übergeordnete Dienststellen. Aber nichts passierte. Darauf, selbst zu handeln, notfalls Kompetenzen an sich zu ziehen, kam kaum einer. In einem der vielen Videos pflügt ein einsames Feuerwehrauto, bis an die Windschutzscheiben vom Wasser umspült, durch die Fluten. Jemand muss Vorschriften missachtet haben. Ein erschütterndes Kollektivversagen, in den USA in dieser Form undenkbar, wie der Verfasser einmal bei einem Erdbeben in San Francisco erlebte. Als das Inferno einsetzte, übernahmen Freiwillige binnen Minuten die Kontrolle und Regelung des öffentlichen Lebens. Ein Kommentar in der *WELT*, in dem ich das Verhalten der Amerikaner mit dem weinerlichen Verhalten der Anrainer bei einem normalen Mosel-Hochwasser verglich, brachte mir den ersten »Shitstorm« im Berufsleben ein. Das Versagen am Rhein blieb lange Zeit ohne personelle Konsequenzen, es war ein Allparteienversagen, gepaart mit mangelnder Vorstellungskraft der Bevölkerung, dass das Undenkbare Wirklichkeit werden kann. Das Klima sei schuld, hieß es, obwohl die Geschichte des Ahrtales anderes erzählt.

Lob der Briten

Wie so oft in seiner Geschichte wartete Deutschland auch beim neuen Krieg ab. Es überließ die Initiative anderen, als Kiew binnen Stunden in Gefahr geriet. Die baltischen Staaten und Polen sahen sich in ihren Ansichten über Russland bestärkt, sie waren auf den Angriffskrieg vorbereitet, der seit Weihnachten 2021 täglich zu erwarten war. Es gab aber auch eine große Stunde des Westens, die – von der deutschen Öffentlichkeit weitgehend unbemerkt – Großbritannien unter dem verlachten Boris Johnson prägte. Kein anderes westliches Land hat den sich anbahnenden Konflikt seit Jahren so klar vorausgesehen wie die Briten. Sie warteten die Entwicklung nicht ab, sondern bildeten schon seit 2015 ukrainische Soldaten vor Ort aus. Im Sommer 2022 befanden sich 10 000 ukrainische Soldaten zum Training in Großbritannien. Dagegen verloren sich ein paar Dutzend ukrainische Soldaten beim Training an einer Panzerhaubitze auf einem Truppenübungsplatz in Deutschland.

Die Briten waren und sind die einzige europäische Macht, die erkennbar mit historischem Bewusstsein handelt. Im Dezember 1994 verzichteten Belarus, die Ukraine und Kasachstan beim Gipfeltreffen der OSZE auf den Besitz von Atomwaffen. Russland garantierte im Gegenzug die Souveränität der Ukraine! Mitunterzeichner waren die USA und Großbritannien. Damit schien eines der größten Probleme gelöst, das sich nach dem Ende der Sowjetunion aufgebaut hatte. Alle todbringenden Arsenale befanden sich nun auf dem Boden Russlands und konnten nicht um die Welt vagabundieren. Die Regierung Johnson hatte dieses Garantieversprechen vor Augen, als sie entschlossen und furchtlos auf die Vorgänge um den Maidan und russische Drohungen reagierte. Aber der Blick zurück ging noch weiter, London dachte an die Vorgeschichte zum Zweiten Weltkrieg, die halbherzige Garantie für Polen im Jahre 1939 und das Versagen des Westens, Hitler rechtzeitig entgegenzutreten.

Die Chance zur Wiedergutmachung kam 83 Jahre später. Großbritannien handelte entschlossen und furchtlos. Johnson betrieb »Brinkmanship« (Politik des äußersten Risikos), es gibt eine »Schwingung« zwischen den Zwangsverbündeten der Jahre 1941 bis 1945, die bei den Russen ankommt. Sie verstehen britische Reaktionen. Nirgendwo in Europa wurden die Mordanschläge auf Putin-Gegner so klar angesprochen und die Schuldigen benannt wie in Großbritannien. London entsandte Ausbilder, es schickte modernste Waffen in die Ukraine, es fasste die in London residierenden russischen Oligarchen hart an. Das militärische Lagebild, das die Briten seit Kriegsbeginn liefern, ist unerreicht. Jede Zeitung hat Militärexperten. Die militärische Lagekarte ist eine Selbstverständlichkeit. Das deutsche Desinteresse an allem Militärischen, das allmähliche Verschwinden der Bundeswehr aus dem öffentlichen Raum, hatte und hat auch zur Folge, dass gegenwärtig nur wenige Journalisten die militärische Fachsprache beherrschen und eine Vorstellung vom Leben in einer Kaserne und in einer Armee haben. Symptomatisch ist die Benutzung des Begriffes »Militärmanöver«, ein Pleonasmus. Auch das Geschnatter über »schwere Waffen« war anstrengend. Kaum jemand realisierte, dass Deutschland sich in der Nähe eines

Kriegsschauplatzes befindet, auf dem es um Leben und Tod geht. Den Ort zu benennen, an dem ukrainische Soldaten trainieren, gefährdet Menschenleben. Und eine Halle bei Flensburg zu zeigen, in der Dutzende von ausgemusterten Leopard-Panzern stehen, lädt die Russen zu Drohnenflügen ein. Jeder Soldat weiß, dass Geheimhaltung unerhört wichtig ist. Deutschland muss es noch lernen. Wer über schwere Waffen redet, sollte sich einmal bei einer Panzerkompanie umschauen und bei dieser Gelegenheit das Innenleben einer Kaserne studieren.

Briten und Franzosen leben hingegen in einer anderen Welt, in der die Vorstellungskraft für den Ernstfall da ist. Als ich vor einigen Jahren einen halbjährigen Lehrgang bei der Bundesakademie für Sicherheitspolitik absolvierte, waren wir eine Woche lang Gäste beim Lehrgang der französischen Generalstabsoffiziere in Paris. Gemeinsam besuchten wir das Lagezentrum der Streitkräfte. Ein General erklärte uns die Befehlskette von einer Einheit, die in Alarm versetzt worden ist, zum Präsidenten und zurück. Die militärische Reaktionszeit beträgt nur wenige Stunden, dann befinden sich die Soldaten in der Luft.

Ein Parteifreund von Ex-Premier Johnson, eine der großen Stimmen des britischen Journalismus, sagte über seinen ehemaligen Mitarbeiter: »... es gibt ja so etwas wie den Zauber der Führerschaft. Es genügt nicht, vernünftige Dinge zu sagen, Führung braucht Vorstellungskraft und Flair und Einsatzbereitschaft und die Fähigkeit, Dinge zu sehen, die andere nicht sehen.« Johnsons Nachfolger würde dem zustimmen. Ist es das, was viele Deutsche bei Scholz vermissen und einfordern? Dazu gehört aber auch ein Staat, ein Land, das Emotionen hat und sie auslebt.

Es gab Chancen, die Briten vom Brexit abzuhalten. Es hätte durchaus Sinn gehabt, die Engländer mit einer wirklich großen Rede der Bundeskanzlerin, gespickt mit witzigen Zwischenbemerkungen, davon zu überzeugen, im Verbund der EU zu bleiben. Helmut Schmidt hat es einmal getan. Sein Auftritt bei einem Labour-Parteitag war legendär. Ziemlich sicher ist, dass Merkels Flüchtlingspolitik einen erheblichen Anteil daran hatte, dass die »Remainers«, die städtische Gesellschaft Südenglands, die Volksabstimmung verloren. Ihnen fehlten am Ende rund 700 000 Stimmen. Die Briten werden uns fehlen, obwohl sie – kaum dass sie ausgetreten sind – im Russland-Ukraine-Krieg eine hervorragende Rolle spielen, nicht aufs Geld schauen.

Die Briten hassen endloses Palavern, sie verachten die Brüsseler Bürokratie, die schier endlose Abfolge von Konferenzen. Das Unterhaus ist ihnen heilig. Wer dort einmal eine Fragestunde erlebt hat, das Rededuell zwischen dem Premier und dem Oppositionsführer, das Nicht-Ablesen, sondern das dem Gegner-in-die-Augen-Schauen, die Improvisationsfähigkeit, die Zwischenrufe, den Ernst der Abgeordneten, gepaart mit Pennäler-Allüren, weiß, warum. Akustisch reicht die Bandbreite vom Dialekt, der im Norden Schottlands gesprochen wird, bis zu einem gepflegten Oxford-Englisch. Hinzu kommen die optischen Eindrücke, der altehrwürdige holzgetäfelte Saal, die grünen Ledersofas, die an die Bestuhlung einer französischen Brasserie erinnern, auf denen die Abgeordneten dicht gedrängt beieinander sitzen, und ihr Kommen und Gehen. Jeder MP verneigt sich mit einer Drehung zum Zentrum des Geschehens, wenn er den Raum verlässt. Auffällig ist das Selbstbewusstsein der britischen Parlamentarier. Sie gelangen nicht über Listen ins Parlament, wie z. B. die SPD-Vorsitzende Esken mit 17,23 Prozent in ihrem Wahlkreis, sondern als direkt gewählte Abgeordnete. Der Unterschied der politischen Kultur macht sich ebenfalls an dem Auslese-Verfahren bemerkbar, wie in Großbritannien ein Parteivorsitzender gewählt wird. Die Prozedur beginnt verhalten und wird dann sehr schnell. Binnen sechs Wochen herrschen klare Verhältnisse. Dagegen erinnern die deutschen Auslese-Verfahren, sei es bei der SPD, sei es bei der CDU, an die Qualen der deutschen Reichstage. Zugegeben hat die Covid-Pandemie diese Herangehensweise noch verstärkt. Die SPD hielt 23 Regionalkonferenzen und zwei Mitgliederbefragungen ab! Die CDU stritt zwei Jahre lang bis zur völligen Ermattung aller Beteiligten und konnte sich lange Zeit auf kein Verfahren einigen. Die Engländer sind dagegen hocheffizient, wenn sie es sein wollen, in der Kommunikation sparsam, fast wortkarg. Die Nation drückt mit Symbolen Stimmungslagen, Gefühle aus. Sie hasst das Plappern. »Versuchen wir nicht, das Undefinierbare zu definieren«, hat einmal ein prominenter Politiker in Zeiten des britischen Empire gesagt. Die nicht enden wollenden Beerdigungsfeierlichkeiten für Elisabeth II. waren dafür ein grandioser Beleg, obwohl sie erstaunlich lange dauerten.

Die Briten argwöhnen, dass die Deutschen mit ihrem Perfektionismus zu den Hauptverantwortlichen für den Brüsseler Politzirkus gehören. Sie erinnern sich an die Zeiten des Heiligen Römischen Reiches, das ihnen hinsichtlich seiner Gestalt und seiner Entscheidungsprozesse völlig fremd war und ist, wie in einem Gelehrtenlexikon in der Mitte des 18. Jahrhunderts nachgelesen werden kann. Dort wird Deutschland als »extensive empire between 5 degrees and 19 degrees east longitude and between 45 degrees and 55 degrees north latitude« beschrieben. Justus Möser, der bedeutende Jurist, stellte zur gleichen Zeit treffend fest: »Die kleinen Staaten bestehen aus lauter Grenzen.« Symptomatisch für die britische Einstellung zur EU war der Auftritt des Brexit-Chefverhandlers David Davis bei der ersten Gesprächsrunde mit der Gemeinschaft. Während die EU-Vertreter mit einem Stapel von Papieren ihm gegenübersaßen, war die Tischplatte von Davis blank. Die Mannschaft des französischen Chefunterhändlers Michel Barnier umfasste 50 Beamte. Den Inhalt des Nordirland-Protokolls möchte man am liebsten vergessen, er ist unbritisch. Aber man macht nun mit.

Großbritannien ist noch heute darauf stolz, dass es als einziges großes europäisches Land unter dem Kriegspremier Winston Churchill dem Dritten Reich widerstand. Der Tod der Monarchin bildet den unweigerlichen Abschluss dieser heroischen Zeit. Die Briten sind handlungsorientiert. Sie leisten den wichtigsten Beitrag für die militärische Stabilisierung der Ukraine. Und sie sind wie Deutschland »Lead Nation« in einem baltischen Staat, in Estland. Bundeswehr und British Army operieren also Seite an Seite. Die Truppenverstärkung erfolgt von Sennelager aus, wo ich als junger Soldat in der Panzerbrigade 21 die Briten einmal bei einem Vergleichsschießen erlebt habe. Es waren verwegene Typen, Angehörige der 20 Armoured Infantry Brigade. Großbritannien hatte wenige Jahre zuvor die Wehrpflicht abgeschafft. Was den jungen deutschen Wehrpflichtigen mit am meisten beeindruckte, war das fast zivil zu nennende Auftreten der Berufssoldaten, kaum ein Soldat war so wie der andere gekleidet, der eine in Tarnjacke, der nächste im weißen Rollkragenpullover, der dritte im Unterhemd. Bei der Bundeswehr hieß dagegen die Devise: »Hauptsache einheitlich.« Die Briten gewannen den Wettbewerb mit großem Vorsprung.

Als ein deutscher General Oberbefehlshaber der KFOR-Truppen im Kosovo wurde, unterstellten die Briten ihr

Kontingent ohne große Debatte. In der englischen Presse hieß es lediglich, dass im Jahre 1813 zum letzten Male Briten unter deutschem Oberkommando gekämpft hätten. Im Kosovo habe ich später britische Fallschirmjäger kennengelernt, Zugführer und Kompaniechefs. Es waren Typen wie die Sonderkommandos im Zweiten Weltkrieg auf Kreta, Angehörige der britischen Oberschicht mit einem Schuss Snobismus. Nie würden sie auf die Idee kommen, wie ihre Bundeswehrkameraden Entwicklungshilfe zu leisten, wenn sie im Ausland eingesetzt werden. Sie sind gewohnt, wie die Franzosen auch, in ein Kampfgebiet hineinzugehen und es rasch wieder zu verlassen. Ähnlich waren meine Eindrücke beim Allied Rapid Reaction Corps (ARCC) in Mönchengladbach. Ich traf auf Männer, die weit in der Welt herumgekommen waren. Sie lebten mit ihren Familien in der permanenten Anspannung, jederzeit als NATO-Speerspitze ausrücken zu müssen. Der Besucher merkte nichts davon. Die Offiziere waren witzig und relaxed. Noch im hohen Alter nahm Prinz Philipp als Ehrenoberst die Parade seines Regiments ab, den Grenadier Guards, als es aus Afghanistan heimgekehrt war. Sein Enkel Harry war zweimal dort im Einsatz. Die Königin nahm bewusst das Risiko für den Jungen in Kauf, so wie es die preußische Elite bis zum Ersten Weltkrieg praktizierte. Die beiden Söhne Bismarcks kämpften 1870/71 in Frankreich, der Sohn des Kriegsministers von Roon gehörte zu den Gefallenen.

Personelle Konsequenzen aus dem Ukraine-Fiasko

Konsequenzen aus der Kontinuität des Irrtums der deutschen Außenpolitik gegenüber Russland sind nicht in Sicht. Zu den Hauptverantwortlichen für das Fiasko der deutschen Außenpolitik zählen die ehemalige Bundeskanzlerin Merkel und der amtierende Bundespräsident Steinmeier. Steinmeier stehen bleierne Jahre bevor, er ist seit dem 24. Februar 2022 buchstäblich aus der Zeit gefallen. Unter nicht mehr existierenden politischen Rahmenbedingungen wiedergewählt, ist er nun eine politische »lame duck«, ein in Mitteleuropa mit Misstrauen verfolgter Mann. Die angelsächsische Welt ist ihm fremd, auch Frankreich. Der sensible Jurist, ein Topbeamter, kein Politiker, spürt dies. Er hält fortlaufend Bußpredigten. Instinktiv klammert er sich an einige seiner Kernthemen, voran die Freundschaft mit Israel. Es wirkte ein wenig peinlich, als er in Verbindung mit dem Gedenktag in München die persönliche Freundschaft mit dem israelischen Präsidenten Herzog hervorhob. Auch der polnische Präsident ist sein Freund. Immerhin zeigt er sich, anders als die hochfahrende Protestantin, einsichtig. Gleiches gilt für den ehemaligen Wirtschafts- und Außenminister Gabriel, der einräumt, eine Politik betrieben zu haben, die ihn zeitlebens belasten wird. Andere schweigen eisern.

Wolfgang Ischinger, ein Vertrauter von Genscher und Welterklärer, ist nach kurzer Pause wieder da, ebenso Ex-General Erich Vad, der Merkel sicherheitspolitisch beriet. Jan Hecker, der letzte außenpolitische Berater der Kanzlerin, war übrigens ein Jurist, ein Fachmann für das Thema Flüchtlinge. Auch diese Personalie sagt einiges über die

Entwicklung der Kanzlerin auf sicherheitspolitischem Gebiet aus. Zur Erinnerung: Merkel war für eine Beteiligung Deutschlands am Irak-Krieg.

Aber warum bleibt anscheinend auch die zweite Reihe mit den Topbeamten in den Ministerien auf ihren Posten, warum wird niemand in den einstweiligen Ruhestand versetzt, der folgenschwere Ratschläge gab? Warum zieht in der politischen Klasse niemand Konsequenzen oder erklärt, dass es ihm nicht mehr möglich sein wird, in der neuen Welt anzukommen, die uns der Ukraine-Krieg beschert hat? Warum übernimmt mit Christoph Heusgen ein wichtiger außenpolitischer Berater von Merkel die Leitung der Münchner Konferenz für Sicherheitspolitik? Warum hat es eigentlich, so fragt man sich, während der Merkel-Jahre nie Rücktritte von Politikern und Spitzenbeamten gegeben? Röttgen war die Ausnahme, aber das hatte andere Gründe. Waren alle mit ihrer Atom-, Flüchtlings- und Energiepolitik einverstanden? Wo sind die charismatischen Figuren geblieben, die es in den 1980er-Jahren im Bundeskanzleramt gab, Russlandkenner, Balten, Amerikafreunde, Diplomaten mit eigenem Kopf, großartige Verfasser von Memoiren, nicht wendige Taktiker aus der Schule von Genscher?

Ein gemeinsamer Brief der Präsidenten von Bundespolizei, Verfassungsschutz und Bundeskriminalamt hätte die Politiker beeindrucken können. Wäre der Rücktritt oder zumindest die Drohung mit Rücktritt von Dieter Romann, dem obersten Grenzschützer, im September 2015 nicht angebracht gewesen? Romann besaß in den eigenen Reihen und in der Öffentlichkeit große Autorität. In einer Art von Kettenreaktion erwischte es dann seinen Verfassungsschutzkollegen Hans-Georg Maaßen, den sein Innenminister zum Gegner von Merkel aufbaute. Es entstand eine politische Großwetterlage, welcher der Beamte nicht gewachsen war. Wie der AfD-Mitbegründer Lucke, ein unpolitischer Hochschullehrer, der die Partei verließ, als sich der Weg in den Rechtsradikalismus abzeichnete, bekam Maaßen beruflich größte Schwierigkeiten. Nun scheint er in die Enge getrieben und macht Fehler.

Das Nichtverhältnis der Deutschen zur Außenpolitik

Außenpolitik ist nicht nur Sache der Gewählten, der Politiker. Merkel zog es vor, Geheimdiplomatie zu betreiben. Sie hat, anders als es Helmut Schmidt beinahe täglich tat, den Deutschen die Weltlage nicht erklärt. Außenpolitik geht aber jedermann an. Sie beginnt mit der Wahrnehmung der Welt. Die Wetterkarten in der Tagesschau und in der ZDF-heute-Sendung sind ein Indiz für eine unbewusste Engführung, für beschränkte Sicht. Obwohl die Deutschen viel reisen, wirtschaftlich und wissenschaftlich weltweit engagiert sind, zeigt die abendliche Wetterkarte nur das eigene Land. Wie hoch die Temperaturen zu diesem Zeitpunkt auf Mallorca, an der Cote d'Azur, in Split oder Heraklion, in New York, Moskau oder Sidney sind, erfährt der Zuschauer nicht. Die USA rücken nur ins Blickfeld, wenn es Waldbrände oder einen großen Hurrikan gibt. Das Gefühl, in einer Welt zu leben, Anteil an ihr zu nehmen, ein Raumgefühl zu haben, entsteht dabei nicht. Kann es sich ein Land mit der Bedeutung von Deutschland leisten, mit einer viertelstündigen Nachrichtensendung (Sport und Wetter von der Viertelstunde noch abgezogen) allabendlich das Weltgeschehen abzubilden? Müsste es nicht mindestens eine dreißigminütige Sendung sein, könnte sie nicht angesichts der weltpolitischen Lage, die anhalten wird, eine ganz Stunde dauern?

Jeder deutsche Staatsbürger kann einen Reisepass erwerben, der die EU-Einheitsfarbe trägt. Man setzt ihn auf Fernreisen ein. Grenzen spielen keine Rolle mehr, sie sind in Europa verschwunden. Ehemalige Kontrollpunkte, aufgegebene Gebäude wie an der Europabrücke in Kehl werden im Auto in Sekundenschnelle passiert. Sie sind die Relikte einer vermeintlich untergegangenen Epoche. Sollte man in Spanien oder irgendwo in der Welt tatsächlich Probleme haben, befindet sich das nächste deutsche Konsulat um die Ecke. Von seinen Mitarbeitern erwartet man Hilfe, wenn erforderlich umfassend und sofort. Spätestens dann stellt man aber fest, dass der Nationalstaat noch immer existiert und dass man rasch Angehöriger einer Schicksalsgemeinschaft werden kann, die in der Not zur Stelle ist oder es zu sein hat. Die Rettungsaktion der Bundeswehr in Kabul unter einem couragierten Fallschirmjägergeneral ist noch in guter Erinnerung. Als im März 1997 im albanischen Tirana die »Operation Libelle« anlief, um deutsche Staatsbürger auszufliegen, gab es keine Zeit, den Bundestag einzuschalten. Die Bundeswehr handelte.

Außen- und Sicherheitspolitik waren bislang bei Umfragen kein Thema, spielten im Leben des Wahlbürgers kaum eine Rolle. »Damit werden keine Wahlen entschieden«, sagte mir einmal einer der bekanntesten deutschen Demoskopen. Für die meisten Menschen war Außenpolitik bis zum Ausbruch des Ukraine-Krieges eine schwer durchschaubare, beinahe abstrakte Materie. Selbst der Vielreisende konnte zu der Überzeugung gelangen, sie sei unnötig, man solle sich auf die Wirtschaftsbeziehungen konzentrieren. Alles hänge mit allem zusammen und gehöre zusammen.

Schröders taktisches Spiel mit dem Irak-Krieg bewies das Gegenteil. Die Bundeswehr blieb jedoch ein widerwillig ertragenes Muss, ein Spielball der wankelmütigen öffentlichen Meinung. Man darf nun gespannt sein, welchen Stellenwert Außen- und Sicherheitspolitik bei künftigen Wahlen haben werden. Die Grünen scheinen auf die neue Lage am besten vorbereitet, sie haben Russland spät, aber für die Partei noch rechtzeitig, realistisch eingeschätzt.

Die deutschen Politiker sagen, dass der Nationalstaat für die zu bewältigenden Aufgaben zu klein geworden ist. Das ist richtig und unstrittig, aber eben doch nur ein Teil der Wahrheit. Denn die Nation wird bleiben und damit weiterhin eine feste Bezugsgröße im Leben der Menschen sein. Sie wollen es so und haben auch das richtige Empfinden. Auch der Rest der Welt operiert vom sicheren Gehäuse des Nationalstaats aus. Nur mit diesem Gefühl, nur mit dem Appell an das Gemeinsame waren die Kosten der deutschen Einheit zu tragen. Und welche Rolle Geografie und vermutete gemeinsame europäische Geschichte ausmachen, kann man gerade in diesen Monaten studieren, in denen die deutsche Gesellschaft nahezu klaglos die Kosten der ukrainischen Notmigration trägt.

Das Dritte Reich versperrt die Sicht

Was die Entwicklung und Fortschreibung der deutschen Außen- und Sicherheitspolitik angeht, liegt das Dritte Reich noch immer wie eine undurchlässige Barrikade zwischen Vergangenheit und Zukunft. Der globale Blick, den das Kaiserreich ungeachtet aller Tolpatschigkeit besaß, ist verloren gegangen und schwer wiederherzustellen. Aber ausgerechnet in jüngster Zeit gibt es zarte Ansätze: die Entsendung eines Kriegsschiffes in das Südchinesische Meer und die Beteiligung deutscher Jagdflugzeuge an Manövern in Australien. Der in früheren Jahren fast ritualmäßig ablaufende Protest ist ausgeblieben. Die Bevölkerung hat den Ernst der Lage erfasst. Und wieder einmal zeigt sich, dass Leadership belohnt wird, wenn ein Kanzler die Lage erklärt und dies fortlaufend tut.

Schon während meines Studiums in Freiburg gab es vor ziemlich genau 50 Jahren eine kurze Debatte um die deutsche Kolonialpolitik, die jedoch weitaus weniger emotional verlief als die heutige. Die wegweisende monumentale Studie von Klaus Hildebrand wurde um einige Einzelstudien ergänzt. Die Öffentlichkeit nahm an den Diskussionen, wenn ich mich recht erinnere, nur wenig Anteil. Das Gefühl für Räume, das Verständnis für Geopolitik war den Deutschen verloren gegangen. Wer weiß noch, dass große Teile des Nahen und Mittleren Ostens zu der Zone gehörten, in der Deutschland vor 1914 und dann nochmals in den ersten Jahren des Zweiten Weltkriegs mit dem britischen Empire um die Vorherrschaft wetteiferte? Von seinem Hauptquartier in Bagdad aus führte Generalfeldmarschall von der Goltz türkische Armeen im Ersten Weltkrieg. Der spätere Reichsjustizminister Franz Gürtner, einer der letzten Anständigen in Hitlers Kabinett – sein Büroleiter war Hans von Dohnanyi –, kämpfte mit seinem bayerischen Infanteriebataillon 1917 in Palästina. Mit Schaudern habe ich unlängst einem Buch von Dan Diner über den nahöstlichen Kriegsschauplatz entnommen, dass es 1942 Luftangriffe Hitlerdeutschlands auf Tel Aviv gab. Die Briten richteten sich darauf ein, dass deutsche Panzer in den Straßen von Kairo auftauchen würden. Mit anderen Worten: Es gab die sehr reale Gefahr eines deutschen

Angriffs auf das Häuflein derer, die Auschwitz gerade entronnen waren. Diese Erkenntnis enthebt jedoch nicht von der Aufgabe, in machtpolitischen Kategorien über die heutige Lage in der Region nachzudenken. In erster Linie gilt dies für die Entwicklung der Türkei, die neben Deutschland der zweite große Gewinner der neuen Lage um 1990 war. Der ehemalige Süden der Sowjetunion wurde zur türkischen Einflusszone. Dass auf der von Moskau annektierten Krim zwei Millionen muslimische Tataren leben, die mit der Okkupation im Jahre 2014 ihre Freiheit verloren, ist hierzulande kaum bekannt. Erdogans außen- und sicherheitspolitischer Kurs irritiert, aber man darf ihn nicht unterschätzen. Die Wertschätzung vieler Türken für Deutschland, nicht nur der hier lebenden und längst eingebürgerten, herrührend von langen Phasen enger Zusammenarbeit zwischen Osmanischem Reich und Preußen, ist von deutscher Seite unzureichend genutzt worden. Jede Menge Kapital liegt brach.

In der Rückschau erstaunt noch immer, dass es wegen der syrischen Flüchtlinge 2015 keine Absprachen zwischen Berlin und Paris gab. Das Gleiche gilt für den Libanon, der vor den Augen Europas gerade auseinanderbricht. Mittlerweile fungiert die Türkei als Wellenbrecher für Deutschland. Auch hier sollte nicht unter den Tisch fallen, dass es sich im Falle von Syrien und dem Libanon um ehemalige Gebiete des Osmanischen Reiches handelt. Spricht man mit Deutschtürken in Deutschland, erfährt man häufig, dass die Großeltern oder Urgroßeltern außerhalb der heutigen Türkei irgendwo auf der arabischen Halbinsel lebten. Das ist noch gar nicht so lange her, entspricht deutschen Erfahrungshorizonten bis zurück zum Ersten Weltkrieg, ist also Bestandteil der Familienerzählung.

Anders formuliert, die Aufnahme von Millionen von syrischen Flüchtlingen in der Türkei war und ist anders zu betrachten als Flüchtlingsbewegungen in Europa. Der Vergleich türkische Aufnahmebereitschaft gegen deutsche Abwehrhaltung trägt nicht. Alle Frühwarnsysteme der Bundesrepublik haben im Jahre 2015 versagt. Über ihre Konsulate in der östlichen Türkei, in Syrien und im Libanon, über Geheimdienstinformationen aus Israel hätte die Bundesregierung wissen können, ja wissen müssen, dass Hunderttausende im Begriff standen, über das Mittelmeer nach Europa zu kommen. Zu ihnen gehörten am Ende auch große Kontingente von Arbeitern, die nach einer befristeten Tätigkeit in Saudi-Arabien und in den Golfstaaten in ihre asiatischen Heimatländer zurückkehren sollten. Viele entschlossen sich spontan, sich den syrischen Flüchtlingen anzuschließen. Deutschland öffnete seine Türen. Es war die einsame Entscheidung einer protestantischen Pfarrerstochter, aufgewachsen in der fast mönchisch zu nennenden Strenge eines Pfarrhauses der Uckermark, umgeben von Alten, Kranken und Bedürftigen, für die die DDR kein Herz hatte. Das Pfarrhaus, in dem Merkel groß wurde, ist kürzlich renoviert worden – offenbar nach dem Ende ihrer Kanzlerschaft.

Zwischenbilanz

Bis zum 24. Februar 2022 war Deutschland eine postmateriell orientierte Gesellschaft. Mancher Südeuropäer wunderte sich über die deutsche Unrast, über die Bereitschaft, sich bei großer Hitze über Dolomitengipfel zu quälen oder in Kreta zu wandern. Staaten, in denen die Erinnerung an den Marschtritt der deutschen Wehrmacht und an ihre Gesänge noch nicht ganz verschwunden ist, reagierten mitunter erstaunt auf diese »Einfälle«. Woher kam diese deutsche Unrast, diese Bereitschaft, sich zu quälen, anstatt im Schatten eines großen Baumes der Hitze des heißen Mittags zu entgehen? Registriert wurde auch, dass der Auftritt dieser postmateriell orientierten deutschen Freizeit- und Abenteuergesellschaft in krassem Gegensatz zu ihrer Bereitschaft stand, außen- und sicherheitspolitisch Verantwortung zu übernehmen. Deutschland, 1990 nach 45-jähriger Unterbrechung souverän geworden, verweigerte das Erwachsenwerden. Es entdeckte andererseits weltumspannende Themen. Aber schon im 12. Jahrhundert stellte Johannes von Salisbury die Frage: Wer hat die Deutschen zu Lehrmeistern Europas gemacht? Das fragen sich hinter vorgehaltener Hand auch heute viele unserer Nachbarn. Viel von der Welt kannten die Deutschen der frühen Neuzeit nicht. Luther verbarrikadierte sich bei einem Romaufenthalt in seiner Pension, sah von der strahlenden Stadt nichts. Portugiesen und Spanier entdeckten zur gleichen

Zeit die Welt. Deutsche, die der Enge der Kleinstaaten im 19. Jahrhundert entkommen wollten, verdingten sich bei wohlhabenden Engländern und entdeckten Afrika. Heutzutage urteilen deutsche Richter über andere Staaten, kritisieren ihre Asylpolitik, indem sie zweite Asylanträge für die Bundesrepublik zulassen. Griechenland, Mutter des Kontinents, Traumziel der Deutschen, wird juristisch betrachtet somit zum Entwicklungsland.

Aber nun wird durch den Krieg in der Ukraine, der Konsequenzen für alle Lebensbereiche hat, für alle Aspekte der Nation vieles infrage gestellt. Das gilt auch für den skandalös niedrigen Preis für ein Flugticket im Zeichen der bevorstehenden sogenannten »Klimakatastrophe«. Viele Gewissheiten sind plötzlich dahin. Die uns alle bedrohende reale Katastrophe eines Krieges in unmittelbarer Nähe, eines Konfliktes, der jederzeit an unsere Tür klopfen und das Klima-Thema wie einen Luftballon zerplatzen lassen kann, wird trotz der Zeitenwende-Rede des Bundeskanzlers verdrängt. Die Deutschen sind in der neuen Welt noch nicht angekommen. Das Gleiche gilt für viele Politiker. Schafft es ein 50-Jähriger, die Vorstellung von der Welt hinter sich zu lassen, an die er seit 1990 unverdrossen geglaubt hat? Immerhin, das Sondervermögen für die Bundeswehr, das Kanzlerversprechen, das Zweiprozentziel der NATO einzuhalten, sind Referenzaussagen, hinter die keine Bundesregierung mehr zurückfallen kann. Und mit Boris Pistorius als neuem Verteidigungsminister hat die Bundesrepublik über Nacht einen »Schmidtianer« an der zweitwichtigsten Schaltstelle. Die Bevölkerung, deren Reife und Vernunft in Fragen von Krieg und Frieden man nicht unterschätzen sollte, steht hinter Scholz und Pistorius, dem neuen Umfragekönig. Allerdings wird die Zusage für die Bundeswehr schon nächstes Jahr wieder in Gefahr geraten, wenn der Verteidigungswillen der Ampelkoalition nachlassen sollte. Wird die Bevölkerung dann Druck machen?

Noch gibt es allerdings keine Anzeichen dafür, dass sich das Parlament von der realitätsfernen Vorstellung trennt, die Bundeswehr bei jedem Auslandseinsatz überwachen zu müssen und bis ins Detail vorzuschreiben, wie die Truppenstärke und die Bewegung vor Ort auszusehen hat. Wer von einer Europäischen Armee spricht, muss im ersten Schritt Voraussetzungen dafür schaffen, dass nationale Kontingente Seite an Seite mit den Partnern operieren können. Dazu gehört ein Zusammenwachsen der europäischen Rüstungsindustrie. Die voll integrierte Europäische Armee wird – so weit man vorausschauen kann – nicht kommen. Sie ist eine Utopie. Die Frage von Krieg und Frieden wird in nationalen Parlamenten entschieden, sie kann nicht europäischen Mehrheitsbeschlüssen unterworfen werden.

Im Übrigen zeigt die aktuelle Behandlung des Themas Mali, wie kleinmütig die deutsche Außen- und Sicherheitspolitik weiterhin agiert. Deutschland lässt sich von einer russischen Söldnertruppe mit einigen Hundert Mann ins Bockshorn jagen. Es bettelt bei einer Militärjunta um Genehmigung, Soldaten ein- oder ausreisen zu lassen. Warum bleibt die Bundeswehr in Mali, warum operiert sie zusammen mit den Franzosen nicht künftig von Niger aus? Es droht ein Afghanistan-Desaster im Kleinen. Als sich zu Beginn des Kosovo-Krieges eine deutsche Brigade vom Mittelmeer her auf Prizren zubewegte, stellte ein deutscher General den jugoslawischen Militärs am Grenzübergang ein 30-minütiges Ultimatum für den Abzug. Ein serbischer Oberst versuchte, mit dem Deutschen zu diskutieren. Der Deutsche antwortete: »Ende der Diskussion. Sie haben jetzt noch 28 Minuten.«

Ja, die Geschichte kennt Abgründe, und wie de Gaulle einmal sagte, finden ganze Nationen in ihnen jederzeit Platz. Die Geschichte kennt den unablässigen Auf- und Abstieg von Staaten, auch ihr Verschwinden von der Landkarte. Deutschland hat über die Jahrzehnte vergessen, erstaunlicherweise verstärkt nach 1990, in Kategorien der Machtpolitik zu denken. Sich anbahnende Konflikte wurden mit dem Scheckbuch gelöst, wie das Abseitsstehen im Irak-Krieg zeigte. Mühsam begriff das Land, dass es sich um sein unmittelbares Vorfeld kümmern musste, dass es den Brandherd auf dem Balkan löschen musste. Auf der Strecke blieb jedoch die Integration all dieser Staaten in die Europäische Gemeinschaft. Die Folgen sind für den Reisenden unübersehbar, der zwischen Dubrovnik, Skopje und Pristina unterwegs ist. Wenn der Wohlstand nicht zu den Menschen kommt, begeben sie sich auf die Suche nach dem kleinen, bescheidenen Glück. Sie kommen als Saisonarbeiter nach Deutschland und in andere EU-Staaten. Die Bevölkerungszahlen in der Region stagnieren oder gehen sogar zurück. Denn es gehen nicht nur Menschen fort, die in Anlernberufen arbeiten, sondern am Ende auch viele sehr gut ausgebildete junge Leute. Die alten Machtstrukturen bleiben erhalten, denn die neuen starken Männer in den Nachfolgestaaten Jugoslawiens haben nur die sozialistische Einheitskluft gegen den Nadelstreifenanzug eingetauscht. Es bleibt festzuhalten, dass die neue Bundesregierung das Problem erkannt hat und der Bundeskanzler und seine Außenministerin alles daransetzen, verlorene Jahrzehnte aufzuholen. Ihre Reisediplomatie ist wichtig. Hoffentlich machen die anderen EU-Staaten mit, Frankreich voran.

Wesentlich gefährlicher für Europa stellt sich die Lage im Nahen Osten dar. Das NATO-Mitglied Türkei ist zu einem unsicheren Kantonisten geworden. Erdogan jongliert gekonnt zwischen EU, den USA, Russland und den Ölmächten der Arabischen Halbinsel. Es zeigt sich erneut, dass die Türkei neben Deutschland der große Profiteur der Verhältnisse nach 1990 war. Und anders als Deutschland hat sie bislang die sich daraus ergebenden Chancen geschickt genutzt. Beklagenswert ist dagegen die innenpolitische Lage, die Verfolgung Andersdenkender. Hilflos schauen Deutschland und die EU zu.

Hilflosigkeit kennzeichnet auch die Situation der EU angesichts der Lage in Syrien, im Libanon, möglicherweise demnächst im Irak. Trotz eines beträchtlichen humanitären und militärischen Engagements haben sich die Europäer als Akteure in dieser Weltregion, die sie noch vor 100 Jahren dominierten, verabschiedet. Man kann den Kipppunkt sehr genau fixieren: Es ist der September 2015. Die Russen kehrten zu dem Zeitpunkt, als die syrischen Flüchtlinge nach Deutschland kamen, nach Syrien zurück. Sie schufen binnen weniger Wochen militärische Tatsachen und stabilisierten das verbrecherische Assad-Regime. Das Zaudern von Obama und Merkel, eine Flugverbotszone über Syrien einzuführen, hatte die Russen förmlich dazu eingeladen, in das Machtvakuum hineinzustoßen. Frankreich hatte die Gefahr erkannt, war jedoch ohne Unterstützung durch die USA und Deutschland zu ohnmächtigem Zuschauen verurteilt – in einer Weltgegend, die es nach dem Ende des Osmanischen Reiches lange Zeit dominiert hatte. Bis heute hat es besondere Kenntnisse und Verbindungen zu der Region. Seitdem hängt das Damoklesschwert neuer Flüchtlingsströme, die jederzeit ausgelöst werden können, über Europa.

Im September 2015 stiegen die Flüchtlingszahlen sprunghaft an und haben sich mittlerweile auf einem zumutbaren

Niveau eingependelt. Aber das kann sich rasch ändern. Der Krieg in der Ukraine hat etwa eine Million Menschen nach Deutschland gebracht. Die Aufnahmekapazitäten befinden sich in den Bundesländern, wie zu hören ist, vielerorts am Anschlag. Kommen eine weitere Million Flüchtlinge – was durchaus denkbar ist – oder weitere Millionen Ukrainer, hat die Bundesregierung darauf keine Antwort. Dann könnte die Limes-Debatte rasch aufflammen.

Auch sieben Jahre nach dem Nicht-Schließen der Grenzen für syrische Flüchtlinge muss konstatiert werden, dass es für die Integration dieser Menschen keine ausreichende vorausschauende Planung in Deutschland gibt. Das Erlernen der deutschen Sprache wird vom Staat in den Flüchtlings- und Migrantenfamilien nicht durchgesetzt. Eine Spur der Unterlassungen zieht sich durch fünf Jahrzehnte der Einwanderung. Jedes Bundesland verfolgt eigene Pläne. Warum wurde das renommierte Braunschweiger Schulbuchinstitut nicht längst zu einem Zentrum für Unterrichtsmaterialien für Flüchtlingskinder ausgebaut?

Libanesische Flüchtlingsfamilien, die mithilfe der DDR in den 1990er-Jahren nach Westberlin kamen, haben sich zu Clans entwickelt, die staatliche Gelder beziehen, aber es vorziehen, in einer eigenen Welt zu leben. Deutliche Konturen von Parallelgesellschaften zeichnen sich ab. Ich erinnere mich noch an die schweigsamen Männer, die zu Beginn der 1960er-Jahre neben unserem Haus Gruben aushoben. Ich sprach sie an, sie lächelten. Es waren Türken, die Heimweh hatten. Wir verständigten uns per Zeichensprache. Sie wohnten in Baracken. Als die Kontingente für Männer ausgeschöpft waren, kamen die Frauen. Die Kinder wurden hin- und hergeschoben. Viele Familien blieben am Ende in Deutschland, auch wegen der instabilen politischen Lage, wegen der Militärputsche. Die Kinder arbeiteten ähnlich hart wie die Mütter und Väter und erwarben schulische Qualifikationen. In der dritten Generation ändern sich die Verhältnisse. Die gesellschaftliche Integration über Arbeit lässt nach, die Aussicht auf »schnelles Geld« steigt. Es mag noch kein Trend sein, aber nicht nur der Beobachter fragt sich, auf welchem fliegenden Teppich die Euromillionen herangeflattert sind. Der junge Mann im Zeitungskiosk berichtet mir stolz, dass er ein Auto mit 600 PS fahre. Er sei kürzlich von Luxemburg nach Berlin in 5,5 Stunden gebraust und schaut mich vielsagend an. Auf dem Spandauer Damm in Berlin finden nach 19 Uhr Autorennen statt, beim Aufheulen der Motoren bei Ampel-Grün denkt man an Autorennen in den 1930er-Jahren auf der Avus. Aber hier geht es um anderes. Die vorübergehende Eroberung und Besetzung des öffentlichen Raumes – auch bei deutschtürkischen Hochzeiten und Blockaden von Autobahnabschnitten zu beobachten – ist ein Hinweis auf Segregation und Behauptungswillen. Haben wir hier etwas verpasst, versagt, falsch gemacht?

Eine kaum durchschaubare Flüchtlingsindustrie hat sich mittlerweile wie ein Ring um diesen Prozess der steten Einwanderung gelegt. Aber Bildung lässt sich nur bedingt outsourcen. Der Staat, die Bundesländer sollten sich die Steuerung und inhaltliche Kontrolle nicht aus der Hand nehmen lassen. Zu viele undurchsichtige Anbieter, die kaum kontrolliert werden, fischen in dem großen Teich. Aber genau hier, in diesen Strukturen, fällt die Entscheidung, wie das Land in 25 Jahren aussehen wird.

Wenig Vorbereitung auf das Kommende, vielleicht Unvermeidliche, heißt auch, dass neben Idealisten und dem Helfen verpflichtete Menschen vor allem die Unterschicht und die untere Mittelschicht den Problemen der Einwanderung tagtäglich ausgesetzt sind. In dieser verdeckt gebliebenen Reibungszone, der neuen gesellschaftlichen »frontier«, kommt es zu Missverständnissen und zu tragischen Ereignissen – auf allen Seiten. Die Zahl der Übergriffe von jungen Migranten auf Mädchen und junge Frauen ist zu hoch, scheint aber nun zurückzugehen. Dagegen gehen die Tragödien in Migrantenfamilien weiter, in denen die Frauen und Mädchen ihre Freiheit entdecken und am »machismo« der Väter, Brüder und Partner zerbrechen. Viel zu schnell werden sie der Rubrik »Beziehungstat« zugeordnet. Gleiches gilt für Täter, denen auffallend oft psychische Störungen bescheinigt werden. In Wirklichkeit sind es Menschen, die in ungewohntem Umfeld, ungewohntem Klima an der Kälte und Geschäftsmäßigkeit der deutschen Gesellschaft zerbrechen. Die Deutschen stellen viel Geld bereit, aber die Neuen brauchen Nähe. Wo bleibt die viel gerühmte Zivilgesellschaft? Wo sind die Hilfswerke und Stiftungen für junge betroffene Frauen von Mehrheits- wie Minderheitsgesellschaften? Wo teilen sie ihre Erfahrungen? Die hier und da noch immer existierende Willkommenskultur steht in einem merkwürdigen Kontrast zu den Erfahrungen, die das Millionenheer der deutschen Ostflüchtlinge machte, als es 1945 an die Türen der Landsleute im Westen anklopfte.

Im Sommer 2022 war oft von den Ereignissen die Rede, die sich vor 30 Jahren in Rostock-Lichtenhagen abspielten, einem noch immer trostlosen Vorort an einer Schnellstraße, die wenige Kilometer weiter im Ostseebad Warnemünde endet. Was auch immer sich damals in der Plattenbausiedlung abspielte, es hatte etwas mit dem überhasteten Überstülpen bundesrepublikanischer Strukturen auf den Osten zu tun. Die Ostdeutschen waren überfordert, sie hatten geglaubt, dass sich die reiche Bundesrepublik für einige Jahre ausschließlich mit ihnen beschäftigen würde. Nun standen sie im kalten Zug der Globalisierung, hörten von einer ihnen unbekannten EU, waren arbeits- und hilflos.

Es gab in diesen Jahren in Deutschland enorme Zahlen an Asylbewerbern. Aber wer durch die alten Bundesländer reiste, bekam sie kaum zu Gesicht. Sie waren fernab der Städte in Heimen und Übergangseinrichtungen untergebracht, die es im Osten so nicht gab. Mit dem Tag der Wiedervereinigung eröffnete sich für die Bundesrepublik dann die Chance, den Druck in den alten Bundesländern zu dämpfen und Asylbewerber nach Osten zu schicken, mangels Alternative in größere Städte. Das war ohne mentale Vorbereitung und Erläutern der Lage zum Scheitern verurteilt. Lichtenhagen war vorhersehbar. Zu ähnlichen Spannungen ist es damals auch in anderen mitteleuropäischen Ländern gekommen, z. B. in der Tschechoslowakei.

Vieles von dem, was in den letzten Jahren eingetreten ist, hat der vielseitig begabte Politiker und Ökonom Thilo Sarrazin vorausgesehen. Ein spannender Beitrag in der Kulturzeitschrift *Lettre International* über die Entwicklung von Berlin löste 2009 wegen einiger polemischer Anmerkungen über die Deutschtürken einen Sturm der Entrüstung aus. Ich sah in diesen Wochen Helmut Schmidt zum letzten Mal und fragte ihn, ob er den Beitrag gelesen habe. Der Ex-Kanzler nickte und ich fragte weiter, ob er den Thesen Sarrazins zur Migration zustimme: »Sarrazin hat recht«, sagte Schmidt. Für mich war Sarrrazin schon in den 1980er-Jahren ein Begriff als hochbegabter junger Beamter im Bundesfinanzministerium, als Büroleiter der Minister Matthöfer und Lahnstein. Sarrazin war maßgeblich am Zustandekommen der deutsch-deutschen Währungsunion unter dem CSU-Minister Waigel beteiligt. Der Sozialdemokrat machte nach der Wende Karriere in der Politik, blieb jedoch unter seinen Möglichkeiten, weil er sich offenbar leicht mit seinen Chefs überwarf. Nach Stationen in den Landesregierungen von Rheinland-Pfalz und Berlin wurde er schließlich Vorstandsmitglied der Deutschen Bundesbank. Dort legte er ein Jahr später mit dem Buch: *Deutschland schafft sich ab*, nach. Das Werk wurde zu einem der meistverkauften Bücher seit Gründung der Bundesrepublik. Es traf offenkundig einen Nerv der Zeit, und das fünf Jahre bevor Deutschland die syrischen Flüchtlinge aufnahm. Will man die Millionen von Lesern zu AfD-Anhängern erklären? Wohl kaum, offenbar begegnete Sarrazin einem tief sitzenden Bedürfnis der Deutschen nach Klarheit und Überwindung eines Tabus. Wenn er hier und da über das Ziel hinausschoss, sich als Ökonom auf Terrains begab, von denen er nichts verstand, hatte dies vermutlich auch damit zu tun, dass er wegen seines Zeitschriftbeitrags im Jahr zuvor zu Unrecht gescholten worden war. Die Beschreibung Berlins, seiner Zukunftschancen, stimmt jedenfalls noch heute. Nichts anderes stand im Zentrum des Beitrags. Es ist daher unerklärlich, dass Angela Merkel den Inhalt des Buches geißelte, ohne es gelesen zu haben. Die Emotionalisierung der Debatten über Deutschlands Zukunft, die Tabuisierung von Themen, die Forderung nach Denkverboten hat hier begonnen.

Entscheidend für den Betrachter ist und bleibt die Frage der Europakompatibilität Deutschlands. Verlängert man die Zahlen und Linien der Asylbewerber in die Zukunft, zeigt sich, dass Deutschland einen anderen Weg einschlägt als die Nachbarstaaten, als die Mehrheit der EU-Länder. Eigentlich betreibt nur noch Schweden eine ähnliche Einwanderungspolitik wie Deutschland, Ausgang offen. Polen ist in dieser Frage sehr restriktiv, verfolgt mit Misstrauen und Sorge den deutschen Weg. Großbritannien wird die nasse Grenze im Ärmelkanal weiter abdichten. Und wenig spricht dafür, dass Frankreich dem Beispiel der deutschen Asylpolitik folgen wird. Migration ist ein großes Thema im Nachbarland, Präsident Macron steht wegen schwerer Anschläge unter enormem Druck. Mögen sich die Staaten Westeuropas bei der Verteilung von Flüchtlingen auch einigen – die Aufnahme der ukrainischen Flüchtlinge ist kein Zukunftsmuster –, so bleibt am Ende das Risiko einer wachsenden Entfremdung Deutschlands von den Staaten Ost- und Mitteleuropas. Es ist traurig, zu sehen, wie sich die Beziehung Deutschlands zu Ungarn entwickelt hat, das eine Schlüsselrolle bei der friedlichen Revolution in Europa im Jahre 1989 spielte. Und man braucht gar nicht bis nach Budapest zu schauen. Das Wahlverhalten der Ostdeutschen, die hohen AfD-Anteile sind ein Indiz dafür, dass man die Landsleute im Osten ähnlich sehen muss wie die Polen, Ungarn, Tschechen, also die Mitbewohner des Gefängnisses zwischen 1945 und 1990. Viel Einfühlungsvermögen ist also weiterhin gefragt.

Reformen I: Bildung – Baustelle Nr. 1

Hilfe zur Selbsthilfe

Im neuesten Bericht des »Club of Rome« wird der Bildung hohe Priorität eingeräumt. Dort heißt es: »... die bedeutendste Herausforderung unserer Tage ist nicht der Klimawandel, der Verlust an Biodiversität oder Pandemien. Das bedeutendste Problem ist unsere kollektive Unfähigkeit, zwischen Fakten und Fiktion zu unterscheiden.« Also bleibt Qualitätsjournalismus doch wichtig! Beginnen wir jedoch mit praktischen Vorschlägen: Ganz oben auf der Liste steht ein Einwanderungsministerium, in dem alles gebündelt wird, was mit Migration zu tun hat. Besondere Synergieeffekte ergeben sich beim Bau von Unterkünften für Flüchtlinge, beim Erfahrungsaustausch zwischen den Bundesländern und großen Kommunen, vor allem jedoch bei allen Maßnahmen, die mit Bildung und Schulunterricht zu tun haben. Meine deutsch-türkischen Freunde berichten übereinstimmend, dass selbst bei besten Schulleistungen die Lehrer ihnen in den 1980er-Jahren sagten, sie würden keine Gymnasialempfehlung aussprechen, da die jungen Menschen in ein paar Jahren ohnehin in die Türkei zurückkehren würden. Eine solche kalte bürokratische Entscheidung ist untragbar. Im Umkehrschluss heißt dies, dass die Entscheidung über Verbleib oder Rückkehr in die Heimat rasch fallen muss. Bleibt alles in der Schwebe, lässt der Elan beim Erlernen der deutschen Sprache nach, wächst die Gefahr, dass ein frustrierter junger Asylbewerber straffällig wird. Man kann Menschen nicht jahrelang hinhalten.

Der erste Eindruck über ein Land bringt eine Vorentscheidung. Welchen Eindruck hinterlassen die Behörden? Herrscht ein freundlicher Empfang? Bekommt man bald Boden unter die Füße, macht man erkennbare Fortschritte beim Erlernen der Sprache oder hängt man monatelang von freiwilligen Helfern ab, die allmählich ermüden? Auch hier könnte sich ein bundesweites Einführungsprogramm empfehlen, das sowohl digital als auch real ablaufen kann – nach dem Motto: erste Begegnung mit Deutschland und Hilfe zur Selbsthilfe. Meine Frau besuchte im Spätsommer 2015 eine große Flüchtlingsunterkunft in Berlin-Wilmersdorf und war überrascht über die mangelnde Sauberkeit in der großen Halle. Viele Insassen saßen teilnahmslos auf ihren Betten, die Kinder tollten umher, liefen auch auf die Straße und kamen den vorbeirasenden Autos gefährlich nahe. Niemand kümmerte sich um sie. Auf die Frage, ob man die Neuankömmlinge nicht anhalten könne, selbst für die Sauberkeit zu sorgen, lautete die Antwort, dafür sei ein Reinigungsdienst zuständig. Der erste Fehler war gemacht.

Man könnte Neuankömmlinge in eine Musterwohnung führen, eine Dreizimmerwohnung mit Küche und Bad, und den Besuchern die Funktionsweise des Haushaltes zeigen, einschließlich der Müllbeseitigung. Ob die Neuankömmlinge das Prinzip der deutschen Mülltrennung sogleich verstehen, sei dahingestellt. Wichtig ist Anschauung zum Anfassen, Ausprobieren, auch das Wahrnehmen und Hören. Was verstehen die Deutschen unter Zimmerlautstärke? Nach dem direkten Umfeld ist die Entdeckung des Ortes wichtig, die gemeinsame Begehung der wichtigsten Punkte in einer Stadt, die Nutzung von Verkehrsmitteln. Viele dieser selbstverständlichen Dinge obliegen noch immer den Ehrenamtlichen.

Sollte der Druck auf die mit Asyl und Einwanderung befassten Behörden nicht zu groß sein, könnte man differenzierter beim ersten Kontakt mit Deutschland vorgehen. Ein Araber oder ein Afghane kommt mit einem anderen Bild von der Welt zu uns als ein junger Europäer. Und auch hier ist es ein Unterschied, ob er aus einer Millionenstadt kommt oder vom Lande mit bislang wenig Kontakt zu den Segnungen der westlichen Welt. Dringend muss ihm bei der Ankunft verdeutlicht werden, dass die soziale Stellung und Rolle der Frau in unserer Gesellschaft eine gänzlich andere ist und dass der körperlich Schwache Schonung und Schutz verdient. Bis 2015 war ich der Ansicht, dass es in nahezu allen Weltkulturen einen hohen Respekt für das Alter, für den alten Menschen gibt.

Deutschland hat, anders als die meisten seiner Nachbarländer, die alle lange Kolonialerfahrungen haben, nicht die Antennen für andere Erdteile, die jene haben. Es empfiehlt sich daher ein enger Erfahrungsaustausch mit Ministerien in Großbritannien, den Beneluxstaaten und Frankreich, die mit Einwanderung und Integration von Minderheiten zu tun haben. Wichtige Anregungen dürften auch aus großen Einwanderer-Ländern kommen, voran aus Kanada, Australien und Neuseeland. Schultraditionen spielen eine nicht unwichtige Rolle, es ist ein Unterschied, ob ein Flüchtling aus Westafrika mit französischer Schultradition kommt oder aus Weltgegenden, in denen die Briten prägend waren.

Präsident Macron hat unlängst das Projekt »Marseille en Grand« vorgestellt, das sehr interessante Initiativen im Schulbereich der zweitgrößten französischen Stadt vorsieht. Drei Aspekte sind für Deutschland von Interesse:

viele Initiativen im Kreativsektor, radikal kleine Klassen für 50 Schulen, enorme Gestaltungsmöglichkeiten für die Schulkollegien – und das im zentralistischen Frankreich!

Interessant und anregend für Deutschland sind ferner Städte mit großer Multikulturalität: Paris, Marseille, Brüssel und Amsterdam. Wie wird dort der Schulunterricht organisiert? Welche flankierenden Maßnahmen gibt es, nicht nur Kinder im schulpflichtigen Alter zu erreichen, sondern auch deren Eltern und vielleicht Großeltern? In meinem Berliner Viertel fallen mir die alten türkischen Frauen auf, die schweigsam und tief vermummt in langen Mänteln, auf Pantinen durch die Straßen huschen. Sind nicht sogar für sie Lernprogramme vorstellbar? Gibt es Chancen, sie aus ihrer häuslichen Isolation zu erlösen, die jahrzehntelang anhalten kann? Der Begriff von Minister Heil, »nachqualifizieren«, könnte hier eine neue Bedeutung gewinnen. Vorbereitung auf das Altwerden, Nachbarschaftshilfe und Hinweise auf soziale Dienstleistungen genügen nicht.

Die Bedeutung von Musik

Sprachbarrieren lassen sich nicht über Nacht niederreißen. Daher muss man parallele Wege gehen. Zu ihnen gehören – man höre – Musik, Malen, Theaterspielen. Damit kann man wenige Wochen nach der Ankunft im Aufnahmeland anfangen. Ein wenig in die Zukunft schauend: Wann wird es die deutsch-afrikanische Rockband geben, die mit ihrer Musik das Land begeistert und auf Welttournee geht? Eine Studie der Bertelsmann-Stiftung hat unlängst ergeben, dass in der Bundesrepublik in den unteren Schulklassen 25 000 (!) Musiklehrer fehlen. In der Tat, Deutschland gibt stillschweigend eine große Tradition auf, die gerade jetzt dringend nötig wäre. Sie ist essenziell für junge Einwanderer und für weniger privilegierte Kinder der Mehrheitsgesellschaft. Es ist die einzige Chance, ein eigenes kulturelles Interesse zu entwickeln, wenn keine anderen Ressourcen vorhanden sind. Musik führt Menschen zusammen. Sie kann therapeutische Wirkung auf Kinder haben, die gerade der Hölle eines Krieges entkommen sind. Gleiches gilt für das Theaterspielen, für das Aufführen von Musicals, wie ich es bei den deutsch-türkischen Freunden erlebt habe. In diese Richtung zielen die Initiativen der in Frankfurt beheimateten Polytechnischen Gesellschaft, die sich auf Traditionen der Aufklärung beruft. Sie will alle Talente zum Aufblühen bringen, vergibt Stipendien an Einwandererkinder und bezieht die Eltern mit ein. Der scheidende Geschäftsführer der Gesellschaft, sehr erfahren im deutsch-französischen Kulturaustausch, benennt die polytechnischen Fähigkeiten: Bindungsfähigkeit in der Familie, Sprachfähigkeit, wissenschaftlich-technischer Forschergeist, ästhetisches Ausdrucksvermögen und Bürgerkompetenz.

Die überlastete Schule

Die Bundesrepublik hat sich dazu entschlossen, anfänglich mehr unbewusst als bewusst, eine Einwanderungsgesellschaft zu werden. 23 Millionen Neubürger verändern das Land. Weitere Millionen werden in den nächsten Jahren hinzukommen. Schon jetzt liegt der Migrantenanteil bei Kindern im Alter von 0 bis 5 Jahren bei 40 Prozent. Das hat Konsequenzen. Vor allem im Bildungsbereich kann Deutschland nicht so bleiben, wie es ist. Es benötigt mehr

Lehrer, mehr Differenzierung im Unterricht. Jede Grund-
und Hauptschulklasse mit einem Einwanderer-Anteil von
80 bis 90 Prozent hat einen Bedarf von zwei Lehrern pro
Klasse! Die Gülen-Schulen in Berlin gehen mit gutem Beispiel voran, sie machen es. Sehr wichtig ist eine faire Bezahlung der Schulleiter. Viele Stellen sind nicht besetzt. Die
Leitung eines Gymnasiums ist höher zu bewerten als der
Aufgabenbereich eines Referatsleiters in einem Ministe-
rium. Ihre wöchentliche Belastung dürfte sich in den letzten zwei Jahrzehnten nahezu verdoppelt haben. Der ganze
bürokratische Wahnsinn wird auf ihren Schultern abge-
laden. Das Quengeln von Eltern, denen man nichts recht
machen kann, kommt hinzu. Ich kann mich nicht erinnern,
dass sich meine Eltern während der gesamten Schulzeit für
irgendetwas beim Klassenlehrer oder einem Fachlehrer be-
schwert haben. Das ist heute völlig anders. Wie eine Schule
am Ende läuft, wie sie mit Interventionen von außen, auch
mit sinnlosen Anordnungen der Behörden, zurechtkommt,
hängt in erstaunlichem Ausmaß vom Direktor ab. Hat er
common sense, ist er in der Lage zu delegieren. Kommen
aufgrund seiner Persönlichkeit gute Nachwuchskräfte an
die Einrichtung, kann die Schule aufatmen: Schüler, Lehrer, Eltern.

Eindeutigkeit in der Sprache

Es gibt viele Neubürger, die sich in erstaunlichem Tempo
in die Gesellschaft integrieren, die ein stupendes Deutsch
sprechen. Aber es kommen auch andere Menschen. Ihre
Teilhabe am Land wird eine andere sein. Und darauf muss
sich Deutschland einstellen. Es muss pragmatischer und

einfacher denken. Einwanderung in größerem Stil verändert die Kommunikation. Schon sind in Berlin junge Mehrheitsdeutsche zu hören, welche die Mischsprache ihrer deutsch-türkischen Kameraden aufgenommen haben. Das ist amüsant, aber für den Bildungsgang nicht hilfreich. Wichtig ist, dass die Sprache eindeutig und klar ist und dass man sie auch im Schriftlichen bei klaren Regeln erlernen kann. Es gibt derartigen Unterricht in leichter deutscher Sprache für Einwandererkinder und für Inklusionskinder.

Was sich gerade im öffentlichen Raum von Deutschland abspielt, ist jedoch das genaue Gegenteil von wünschenswertem Zusammenleben. Man versteht sich nicht. Ohne ausreichende Sprachkompetenz sind junge Migranten im Servicesektor tätig. Viele Bürger helfen ihnen aus Mitleid, wenn Lieferanten hilflos an einem Klingelbrett stehen. Ärgerlich wird es, wenn der erkennbar deutsch-türkische Mitarbeiter einer Telefonzentrale auf den Knopf drückt, weil der anfragende (ältere Mensch) bei einem technischen Problem mit den Anweisungen des Jüngeren nicht Schritt halten kann. Hier kommt zum sprachlichen Problem ein Aspekt des zivilen Umgangs miteinander hinzu. Beides lässt sich abstellen, Umgangssprache mit einem limitierten Wortschatz ist erlernbar, Höflichkeit auch.

Irritierend ist schließlich das, was sich in der deutschen Hochsprache tut. Sie wird erstaunlich wenig gepflegt, stattdessen malträtiert. Die neusten Wörter, die ich zur Kenntnis nehmen musste, nicht erlernte, sind »Verkehre« und »Bedarfe«. Aber das ist noch harmlos angesichts einer anderen Fehlentwicklung. Selbst Journalisten, deren Handwerkszeug die Sprache ist, selbstermächtigen sich in den öffentlich-rechtlichen Medien zum Volkserzieher. Sie gendern das Deutsche und folgen dem Zeitgeist mit Sternchen. Ein Engländer würde mit dem Kopf schütteln, ein Franzose in einer Grammatik nach Hilfe suchen.

Für den Neuankömmling aus Gegenden, in denen indogermanische Sprachen nicht gesprochen werden, ist diese Entwicklung eine Katastrophe. Ihm werden ohne Not Hürden aufgebaut. Eltern wie Kinder erhalten keine sprachliche Orientierung. Sie können sich nicht einmal auf den Klang der Sprache verlassen. Das Gendern macht in einem Einwanderungsland, das mit seinen westlichen und südlichen Nachbarn die Urmutter Latein teilt, alles unendlich komplizierter. Hinzu kommt der eklatante Mangel beim Lesen, speziell beim Vorlesen. Immer seltener wird Kindern vorgelesen. Und natürlich spielt es eine Rolle, welche formale Bildung Mutter und Vater haben. Dabei ist das Deutsche ohnehin eine schwere Sprache, es hat nicht die klare grammatikalische Struktur wie das Französische und gestattet nicht die Anfangserfolge wie im Englischen. In London wie in New York City kommt man mit 100 Wörtern durchs Leben. Es wäre mehr als eine Überlegung wert, ein Deutschbuch aufzulegen, das einen Flüchtling binnen kurzer Zeit in den Stand versetzt, zu kommunizieren. In der k.u.k.-Armee gab es ein solches Handbuch.

Interessant ist, dass der deutschsprachige Raum außerhalb von Deutschland diesen Irrweg der Atomisierung von Strukturen und von Verschlimmbesserung von Sprache, von bewusster Zerstörung von grammatikalischen Regeln, nicht mitmacht. Die Schweiz und Österreich sind wie einst die Mönche in Zeiten der Völkerwanderung die Bewahrer der deutschen Sprache.

Auch für die Arbeitswelt stellt sich die Frage, ob und wie die Menschen zusammenarbeiten. In einer großen Einkaufspassage, die im Zentrum von Berlin vor Jahren gebaut wurde, war zu erfahren, dass dort rund 50 Nationen auf der Baustelle tätig waren. Dies ist einerseits erfreulich und spricht für die große Stadt. Aber es stellt sich auch die Frage nach dem Aufwand, Arbeit zu koordinieren, zu erklären, auf unterschiedliche Mentalitäten und Hingabe bei der Arbeit Rücksicht zu nehmen. Wenn die Erinnerung an die eigene Kindheit nicht täuscht, arbeiteten die Menschen auf den Baustellen der Nachkriegszeit schweigend. Gewiss, es waren die nicht gerade redseligen Westfalen. Entscheidend war jedoch, dass man sich kannte, per Zeichensprache locker verständigte, einander vertraute, den Partner an der Seite einschätzen konnte, auch bei Gefahr. Die deutsche Gesellschaft der Zukunft wird daher, wenn sie funktionieren soll, vieles vereinfachen müssen. Viele Erlasse und Vorschriften, vieles vom perfektionistischen deutschen Denken werden in den Papierkorb wandern müssen. In 25 Jahren wird Deutschland ein ganz anderes Land sein. Weiß es das? Bringt es genügend Fantasie auf? Warum schweigen die Großeltern bzw. die Jahrgänge der »Babyboomer« im öffentlichen Diskurs? Ist ihnen die Zukunft der Enkel gleichgültig? Oder ist der Anteil derer, die einen Schulbesuch begleiten, mittlerweile zu klein? »75 Prozent der Menschen wollen keine Veränderung«, hat mir der frühere hessische Ministerpräsident Volker Bouffier einmal gesagt.

Fehlender Bewusstseinswandel

Was in Deutschland fehlt, ist ein Bewusstseinswandel. Für den Kampf gegen den Klimawandel ist er da. Das Dilemma, in dem sich Deutschland befindet, besteht jedoch darin, dass drei große Herausforderungen gleichzeitig zu bestehen sind, wenn auch in einer gewissen Reihenfolge.

Absolute Priorität hat der Ukraine-Krieg, eine wesentlich größere, als im Augenblick gedacht, Bildung und Schule. Das Land verschließt sich den längerfristigen Konsequenzen seiner einseitig vollzogenen Entscheidung, die Grenzen für Flüchtlinge im September 2015 offen zu halten. Massenhafte Einwanderung, überfüllte Klassen, Lernverluste durch Covid haben unweigerlich eine weitere Absenkung des ohnehin schwachen Lernniveaus zur Folge. Viele Kinder haben einen Wissensstand, der auf ein verlorenes Schuljahr hindeutet. Einer jüngsten Studie zufolge haben viele Viertklässler massive Lernrückstände beim Lesen, Schreiben und Rechnen. Aufholen lassen wird sich der Rückstand nur bedingt. Bildungsorientierte Familien sind mit dem Zustand, der seit März 2020 pandemiebedingt herrschte, im Großen und Ganzen gut zurechtgekommen. Aber wo waren digitale Aufholprogramme für die weniger Bemittelten? Warum brachten die Schulbehörden es nicht fertig, die Ferien zu kürzen und Förderunterricht in großem Stil anzubieten? Es gab ihn, aber das hing von der Situation vor Ort ab. Freiwillige unter den Lehrern gab es zuhauf. Ähnlicher Mut wäre gefragt, um den Schulunterricht am Samstag wieder einzuführen. Er würde die hohen Stundenzahlen während der Woche reduzieren und das Leben der Familien am Wochenende deutlich entspannen.

Der Mittlere Schulabschluss und das Abitur werden somit auf Jahre hinaus nicht immer den Wert haben, den eine Hochschule, ein Arbeitgeber erwarten. Schon in wenigen Jahren wird das Land vor der Frage stehen, wie es mit seinen jungen Menschen mit Migrationshintergrund im öffentlichen Sektor umgeht. Wer soll an die Stelle der Behördenmitarbeiter treten, die demnächst in den Ruhestand gehen? Reichen die Zeugnisse und vor allem das Wissen aus? Wenn der Eindruck nicht täuscht, wird Deutschland über kurz oder lang Einstellungskorridore für Einwanderer schaffen müssen. Die »affirmative action« à la USA wird unausweichlich werden. Auch hier werden Mentalitäten, Narrative, nicht erzählte Vorgeschichten aufeinanderstoßen. Interessant wäre zu wissen, was die Statistiken der Polizeibehörden der Bundesländer dazu schon heute aussagen. Wie steht es um die Standards bei der Einstellung von jungen Migranten, ihre Rechtschreibkenntnisse, die Amtsverschwiegenheit, wie um die Loyalität gegenüber dem Staat? Deutschland bietet viel, aber es fordert zu wenig.

Bildung als Privatangelegenheit

Damit ist völlig offen, was aus dem deutschen Schulwesen, aus der Bildungslandschaft insgesamt werden wird. Man kann an dieser Stelle gar nicht hart genug die Einstellung vieler Familien der deutschen oberen Mittelschicht und Oberschicht kritisieren. Die, die sich auskennen, schicken ihre Kinder auf konfessionelle Schulen, die ein moderates Schulgeld erheben. Politiker, die in ihren Reden das dreigliedrige Schulwesen verurteilen, die gegen das Gymnasium sind, schicken ihre Zöglinge dorthin. Salem ist für die meisten unerschwinglich, aber an den sündhaft teuren britischen Privatschulen haben die Deutschen schon jetzt einen 15-prozentigen Anteil. Was fehlt, ist ein Engagement derer, die den Überblick für das normale deutsche Schulwesen haben. Diejenigen, die über ihn verfügen, gehören mutmaßlich zur Elite, die Mittel und Wege findet, den Platz in der Gesellschaft zu erobern, der ihnen möglicherweise aufgrund eigener Leistung zusteht. Ob das im globalen

Wettbewerb ausreicht, ist eine andere Frage. Da neigen wir dazu, uns zu überschätzen. Wir haben jedoch gegenwärtig zu viel Mittelmaß, zu wenig gute, normale Durchschnittsleistungen und Zugang von leistungsfernen Familien zu guter Bildung. Von der Performance des Durchschnitts der Gesellschaft hängt die Zukunft des Landes ab, nicht von Freiberuflern. Und wieder ist viel Heuchelei im Spiel.

Spätestens an dieser Stelle kommen die USA ins Blickfeld, eine multikulturelle Gesellschaft par excellence. Gern wird auf sie heruntergeschaut, aber das einem ganzen Erdteil gleichkommende Land verdient Respekt. Nie werde ich die Viertelstunde nach Schulschluss an einer High-School im US-Bundesstaat North Carolina vergessen, in denen der Großteil der 2000 Schüler vom Parkplatz abfuhr und der Direktor jeden Einzelnen mit einem Handzeichen verabschiedete. Ich sah die Mitglieder einer Weltgesellschaft vorbeifahren, junge Mädchen und Jungen in buchstäblich allen Hautschattierungen, aber jederzeit US-Amerikaner. Diese Integrationsleistung muss man den Amerikanern erst nachmachen!

Vorbild USA?

Ich bin kein Schulexperte, bin jedoch mit einer ehemaligen Oberstudiendirektorin verheiratet und habe immerhin nach der Referendarzeit ein gutes Dreivierteljahr als junger Studienrat an Gymnasien in Südbaden und in Hamburg gearbeitet. Schon damals waren das zwei verschiedene Welten und viele weitere sind nun hinzugekommen. Eines scheint mir sicher: Das deutsche Schulsystem wird sich in einem Teil in Richtung des amerikanischen College-Systems entwickeln müssen. Wir brauchen einen weniger akademisch orientierten Typus von Gemeinschaftsschule und ISS, der die Kinder darin einübt, zusammenzuleben, den anderen zu respektieren und am Ende ein Gemeinschaftsgefühl herzustellen. Warum also nicht auch Autofahren, Kochen und Basketball als Unterrichtsfächer? Auch an dieser Stelle taucht das Thema Mädchen, junge Frauen, junge migrantische Männer für einen Moment auf. Es gibt eine Kluft zwischen dem Reifezustand von Mädchen und Jungen der Mehrheitsgesellschaft und Kindern aus dem Nahen Osten und Afrika. Es wird viel vom Geschick der Schulleiter und Lehrer an Grund- und weiterführenden Schulen abhängen, mit diesen Ungleichzeitigkeiten fertigzuwerden. Sie spielen schon jetzt an der gesellschaftlichen »frontier« eine große Rolle.

Um die Beibehaltung deutscher Spezifika, die das Land bisher ausmachten, die kennzeichnend für die bürgerliche Gesellschaft sind, wird gekämpft werden müssen. Der Bachelor-Studiengang war eine viel zu große Konzession an Europa. Vor allem die altehrwürdige Philosophische Fakultät der deutschen Universität liegt in Trümmern. Die Abschlüsse sind nicht mehr allzu viel wert. Auch das hat zur Folge, dass die Gymnasien nicht mehr die Fachlehrer bekommen, die sie eigentlich benötigen. Männliche Lehrer gibt es immer seltener, der Beruf des deutschen Studienrats hat seinen Stolz verloren. Über Inhalte wird in der Schule aber immer seltener geredet, die Pandemie mit dem vorübergehenden Ende des Präsenzunterrichts hat zusätzlich viel Schaden angerichtet. Am Ende ist es jedoch der Lehrer, der für den Lernerfolg des Schülers entscheidend ist, nicht der Computer. Es ist fraglich, ob das deutsche Bildungsbürgertum die fortschreitende Nivellierung im Schulbereich hinnehmen wird. Schlechte Schulpolitik kann

Wahlen entscheiden, wie das Beispiel NRW zeigte. Zwar haben die Lernleistungen in den letzten drei Jahren auch im Privatschulbereich gelitten, aber dieser bietet noch immer geschützte Räume und wächst weiter. Sollten sich die Verhältnisse im staatlichen Bereich nicht bessern, werden Teile des Bildungssektors den Kräften des Marktes überlassen werden. Das wäre bedauerlich, vor allem für die neuen Deutschen. Wichtig am Ende bleibt, dass die deutsche Bildungstradition unter dem Ansturm der Ereignisse und Erfordernisse nicht zerbricht.

Die Bildungswege aller jungen Deutschen sollten zusammengeführt werden in einem gemeinsamen Praxisjahr, an der Nahtstelle von Schule und Eintritt ins Berufsleben. Es wird kurz- und mittelfristig die einzige Möglichkeit sein, Ligaturen in einer Gesellschaft zu schaffen, die unter Hochspannung steht, deren Tempo der Veränderung viele überfordert. Die Menschen drohen zu vereinzeln, die Hälfte der Berliner Haushalte sind Singlehaushalte. Spätestens mit 18 Jahren müssen die unterschiedlichen Bildungswege zusammengeführt werden in einem sozialen Jahr. In dieser Zeit sollte nicht der Service-Gedanke im Vordergrund stehen, sondern die Begegnung mit dem anderen. Man wächst zusammen, indem man etwas Gemeinsames schafft, eine Sache um ihrer selbst willen tut. Ja, es geht auch um Nation Building auf eine zu entdeckende Art und Weise. Denn auch die künftige Welt wird aus Nationen bestehen.

Reformen II: Wo sind die neuen Preußen?

In den 1980er-Jahren haben sich die letzten Reste von Preußen, die es in der Bundesrepublik gab, allmählich verflüchtigt. Man vermisst in diesen Tagen schmerzlich das Arbeitsethos der Eltern und Großeltern, das Funktionieren von Verwaltung, Post und Bahn. Lediglich eine Stiftung hält das Band der Erinnerung zusammen. Unter solchen Umständen ist es ein Wunder, dass es zur Rekonstruktion des Berliner Schlosses kam, die Tat eines Außenseiters, der bereits in Vergessenheit zu geraten scheint. Die bis zum heutigen Tag anhaltenden Debatten um das Schloss nahmen bisweilen hysterische Züge an. Vielleicht erhält der Bau in 50 Jahren eine neue Chance. Immerhin steht er. Der Chefgärtner des Bundeskanzleramtes sagte mir einmal, das Lebensalter großer Bäume betrage ca. 180 Jahre. Als die Preußen ins Rheinland kamen, bewiesen sie langen historischen Atem und pflanzten im Regierungsviertel von Bonn prächtige Bäume, die nun allmählich ausgetauscht werden müssen.

Wer sich auf die Spuren Preußens in den Bundesländern begibt, wird nur noch selten fündig. Am preußischsten kommt mir Bielefeld vor, wo ich einmal zur Schule ging. Im Innenhof der die Stadt beherrschenden Sparrenburg steht das Denkmal des Großen Kurfürsten, des heimlichen Landesvaters. Die Menschen in Ostwestfalen wirken ernst, es ist das Land der hart arbeitenden Bürger, der Entrepreneure zwischen Rheda/Wiedenbrück, Gütersloh, dem Teutoburger Wald und Minden. Aber man zeigt seinen Reichtum in der Öffentlichkeit nicht. Das Gebiet gehörte zu den ersten Vorposten Preußens im Westen, nirgendwo sind die preußischen Tugenden so greifbar wie hier. Dagegen ist im Rheinland die 130 Jahre währende preußische Epoche vergessen. Das Rheinland enttäuschte, als sich die Wiedervereinigung abzeichnete. Der spätere Bundespräsident Johannes Rau, der auf dem Dorotheenstädtischen Friedhof in Berlin seine letzte Ruhe fand, brauchte lange, um sich mit dem Gedanken anzufreunden, dass Berlin Hauptstadt des vereinigten Landes wird. Sein Nachfolger Wolfgang Clement vertrat die Ansicht, dass die Niederlande für NRW wichtiger seien als der Rest des Landes. Die populäre Vocalgruppe »Bläck Fööss« besingt in unzähligen Variationen den Kölner Dom, der bis zur Ankunft der Preußen ein Torso war. Die Türme wurden auf Geheiß von König Friedrich Wilhelm IV. errichtet. Es mag ein unbedeutendes Detail sein, aber wenn der WDR auf Werbetour im Lande unterwegs ist, ist in Westfalen kostenloses PR-Material (Blöcke, Kulis, Bleistifte, Aufkleber) deutlich weniger nachgefragt als im Rheinland.

Auf dem Weg nach Süden, in Rheinland-Pfalz, kommt man zunächst in das Gebiet der preußischen Rheinprovinz. Koblenz hat noch immer das Gesicht einer preußischen Garnisonsstadt. Weiter südlich, in Wiesbaden, kommt die rheinische Variante hinzu. Es ist kein Zufall, dass die gelungene Kombination von preußischer Effizienz und besten Weißweinlagen der Welt die hessische Regierungszentrale zur vielleicht sympathischsten Landeshauptstadt in Deutschland macht. Das nach Westen hin orientierte Saarland beherbergt nur noch preußische Festungsarchitektur. Wenn man von Saarbrücken nach Berlin reist, fährt man

»ins Reich«. In Baden-Württemberg schmilzt das Häuflein der Reichsschwaben, das Wolfgang Schäuble in Berlin anführt. Die Regierungsbeteiligung der Grünen macht sich mehr und mehr bemerkbar. Sie sind die Partei mit dem größten Abstand zur deutschen Geschichte.

Wie ein Bollwerk der Nation wirkt da der Freistaat Bayern, eigensinnig, in Richtung Österreich und – was die Münchner betrifft – nach Südtirol und zum Gardasee schauend, aber doch zuverlässig, bundestreu, mit einer klaren Vorstellung von der Gestalt eines Gemeinwesens à la française. Auf der Schleife zurück nach Norden passiert man kurz vor dem zauberhaften thüringischen Meiningen die alte deutsche Nord-Süd-Grenze, die noch immer existiert. Die sogenannten neuen Bundesländer, die einzigen, die neben Schleswig-Holstein ihre Vorkriegsgestalt bewahrt haben, sind mit sich selbst beschäftigt. Das gilt auch für Berlin, dessen politische Parteien weiterhin erfolgreich Neu-Berliner abschrecken. Dabei sind 40 Prozent der Bevölkerung seit dem Fall der Mauer ausgetauscht worden. Mit sich selbst beschäftigt sind auch das verschlafene Bremen und Schleswig-Holstein. Dort zögert man am Fehmarnbelt den Anschluss der Skandinavier an den Rest Europas hinaus. Im Südwesten gibt es vergleichbare Blockaden, welche die Schweiz ärgern. Niedersachsens Profil verschwimmt zwischen VW-Stern und Schweinemast, es ist die letzte SPD-Hochburg. Als echtes Gegenstück zu Ostwestfalen stellt sich am Ende nur Hamburg heraus, stolz auf seine hanseatische Tradition, insgeheim preußisch, ein gelungener Kompromiss zwischen Kaufleuten und Helmut-Schmidt-Sozialdemokraten. Scholz verdient also eine Chance.

Die allgemeine Tendenz in Deutschland geht in Richtung Region, in Richtung Bundesland, wie das Gezerre um die Covid-Maßnahmen gezeigt hat. Nahezu jedes Bundesland hatte eine eigene Strategie. Mecklenburg-Vorpommern gestattete vorübergehend Besitzern von Ferienimmobilien nicht, während der harten Phase des Lockdowns an die Ostsee zu kommen. Wer es dennoch schaffte, musste damit rechnen, vom Nachbarn denunziert zu werden. Hat es je eine Wiedervereinigung gegeben? Der Blick für das Ganze ist verloren gegangen, nicht erst in den letzten zwei, drei Jahren. Die Euphorie über das Geschenk der deutschen Wiedervereinigung ist lange vorbei.

Zuständigkeiten des Bundes spielen keine Rolle, alle machen mit, betreiben sogar Außenpolitik. Der sächsische Ministerpräsident Kretschmer begehrt gegen die aktuelle Russlandpolitik der Bundesregierung auf. Er befindet sich in guter Gesellschaft, seine Schweriner Kollegin Schwesig hat es bereits vor ihm getan. Regionale politische Seilschaften formieren sich, es gibt viele Andenpakte. Berlin ist ein touristisches Ziel, aber nicht das geistige und kulturelle Zentrum des Landes wie vor 1933. Das jüdische Element ist verloren gegangen, es lässt sich nicht zurückholen, der Mix der Stadt ist ein anderer geworden. Max Raabe und die Darsteller der »Comedian Harmonists« auf der Bühne spielen gegen das Vergessen an. Die geistig-seelische Genügsamkeit der deutschen Parteien tut ein Übriges. Die Politiker spielen medial Rollen, die sie nicht ausfüllen, sie sind Meister im Repetieren. Statt selbstbewusster, unabhängig handelnder Parlamentarier mit einem gewonnenen Wahlkreis im Rücken wie in England entsenden sie ein Heer von »Sachbearbeitern« nach Berlin. Es gibt das Dauergeräusch der Rollkoffer. Viele leben während der Sitzungswoche wie einst in Bonn, also ohne Kontakt zur Metropole, ohne Konzert- oder Theaterbesuch, wenn es keine Freikarte gibt. Bier gibt es in den Landesvertretungen, dazu ständiges Zusammenhocken in der Gruppe und

Fernsehen im Appartement. Die Deutschen haben nicht nur ein Problem mit der großen Stadt, auch der Politikansatz ist äußerst schmal.

Was ist der Sinn dieses Streifzuges durch Deutschland? Es ist die Suche nach Menschen und Gruppen, die das größer gewordene Land mit seinem wenig ausgeprägten Selbstbewusstsein zusammenhalten können. Berlin leistet hier viel zu wenig. Wer erläutert dem Publikum, dass Deutschland immer ein Einwanderungsland gewesen ist, umgeben von vielen Staaten? Berlin profitierte von den Hugenotten, vom Osten, das Ruhrgebiet auch. Die kommunistische Gewaltherrschaft zwang viele Ostdeutsche, Russen, Polen, Tschechoslowaken und Ungarn, ihr Land zu verlassen. Davon hat Deutschland profitiert, bis heute. Nun kommen die Russen, wie schon um 1990, und – vielleicht auf Dauer – die Ukrainer, viele bestens ausgebildet, begabt.

Wo sind die neuen Preußen? Ich sehe sie bei den neu hinzukommenden Deutschen, bei Teilen der Deutschtürken und Syrer und vielen einzelnen, die in den letzten sieben Jahren hierhergekommen sind. Noch haben sich die Potenziale nicht entfaltet, noch fehlen die Vernetzungen. Hoffen lassen frühere Einwanderergruppen wie die Deutsch-Iraner. Infolge einer langen Wissenschaftstradition gehörte der Iran zu den Ländern, die ihre besten Köpfe über Generationen hinweg zum Studium nach Deutschland schickten. Diese Verbindung ließ schon vor der iranischen Revolution nach, wurde aber infolge der Mullah-Herrschaft wiederbelebt. Es handelt sich um eine Eliteeinwanderung, nach Schätzungen etwa 300 000 Personen, unter ihnen viele Ingenieure, Juristen und Ärzte, für die Persönlichkeiten wie Navid Kermani, der Grünen-Fraktionsvorsitzende Omid Nouripour oder die TV-Journalistin Golineh Atai stellvertretend stehen.

Als größte Gruppe, die das Qualitätssiegel »neue Preußen« schon heute verdienen, sind die etwa 200 000 Deutschtürken anzusehen, die den Lehren von Fetullah Gülen nahestehen. Sie werden in der Bundesrepublik oft irreführend als religiöse Fanatiker beschrieben und von Erdogan-Anhängern verleumdet und bekämpft. Auch andere türkische Gruppierungen beteiligen sich an der Hexenjagd auf diese tiefgläubigen Menschen, denen ihr im amerikanischen Exil lebender Prediger den Auftrag auf den Weg gegeben hat: Integriert euch, erwerbt Bildung, baut Schulen!

Ich begleite diese Menschen seit mehr als einem Jahrzehnt. Drei Generationen von ihnen sind an mir vorbeigezogen, eine erste, die »Gastarbeitergeneration«, eine zweite, die den Härtetest bestanden hat und auf dem zweiten und dritten Bildungsweg die Mittlere Reife, das Fachabitur und dann das Abitur nachholte, sowie mittlerweile die dritte, die mit den Kindern der deutschen Mittelschicht gleichgezogen hat. Seit einigen Jahren zeichnen sich die Konturen der vierten Generation in der Bundesrepublik ab. Und es ist absehbar, dass die jüngsten Gülen-Anhänger mit der gleichen Hingabe arbeiten werden wie die drei vorangegangenen. Obwohl die Großväter keinerlei Bildung besaßen, in der Türkei vielleicht drei, vier Jahre zur Schule gegangen waren, trugen sie das Narrativ der deutsch-türkischen Freundschaft (und Waffenbrüderschaft im Ersten Weltkrieg) in sich. Die Liebe oder besser Sympathie für Deutschland haben sie an die folgenden Generationen weitergegeben. Man sollte dies nicht unterschätzen. In Berlin ist die Gülen-Bewegung als Religionsgemeinschaft mit Christen und Juden an der Errichtung des »House of One«, einem gemeinsamen Gebetsort für die drei Weltreligionen, beteiligt.

Das besondere Kapital dieser Gruppierung, die nicht in den politischen Raum strebt, sind die Schulen. Die Gülen-

Anhänger haben ihr Schicksal selbst in die Hand genommen, als sie merkten, dass es mittelfristig kein deutsches Integrationsangebot geben würde. Was mit Nachhilfekursen in den 1970er-Jahren begann, entwickelt sich zu einer Schullandschaft zwischen Hamburg und München, die ich auf zahlreichen Fahrten erkundet habe. Einer der schönsten Schulbauten der Republik, für den sie gesammelt haben, steht auf den Hügeln von Bad Cannstatt. Im Großraum Stuttgart, wo tüchtige Neuankömmlinge ihre Chance bekamen, nicht nur als Hilfsarbeiter zu agieren, sondern als Facharbeiter gutes Geld zu verdienen, sind die Gülen-Anhänger auf ihrem Weg in die deutsche Gesellschaft am weitesten vorangekommen. Ähnlich den Iranern in den 1970ern gibt es seit dem gescheiterten Putsch auch aus der Türkei eine Eliten-Einwanderung nach Deutschland. Sie verläuft im Stillen, es wird kein Aufheben um sie gemacht. Viele Spezialisten, vor allem Ärzte, schaffen rasch die Umstellung. Aber es gibt auch tragische Fälle. In Südhessen lernte ich einen Anwalt kennen, der in Ankara zu den Staranwälten gehörte, ein sehr eindrucksvoller Mittfünfziger. Seine elegante Frau arbeitet in der Suppenküche des Dorfes. Er selbst bekommt keine Zulassung in Deutschland. Man hat ihm geraten, einen LLM-Abschluss (Master of Laws) zu machen. Dafür fühlt er sich zu alt, tut sich mit dem Deutschen sehr schwer und wirkt resignativ.

Die Deutschtürken, die ich näher kennenlernte, sind hochbegabt. Man trifft sie übrigens nicht nur in der Gülen-Gruppierung an, sondern auch in anderen Religionsgemeinschaften, natürlich auch bei Säkularen. Lange Zeit konnten die SPD und die Grünen aus diesem Potenzial nahezu allein schöpfen, wie die Karrieren von Cansel Kiziltepe und Cem Özdemir zeigen. Auch die aus Palästinenserfamilien stammenden Berliner Politiker Chebli und Saleh gehören hierhin. In der Türkei scheint es eine Mathematiktradition zu geben. Auch in den Naturwissenschaften liegt eine nationale Stärke. Viele der jungen Männer und Frauen haben eine Ingenieurausbildung erhalten, andere werden Juristen oder streben in den Schuldienst. Besonders spannend fand ich bei meinen zahlreichen Schulbesuchen, dass die Schüler der Gülen-Schulen deutsche Gedichte lieben, die sie mit Hingabe bei großen Festveranstaltungen und Wettbewerben deklamieren. Es spricht für diese Schulen, dass seit einigen Jahren auch Kinder der Mehrheitsgesellschaft zu ihnen kommen und – sehr interessant – dass sie zunehmend von Kindern aus anderen Einwanderergruppen gewählt werden. In den Gebäuden gibt es keine Graffiti. Die Lehrer genießen wie ihre Kollegen in der Türkei großen Respekt, kommen im Anzug und mit Krawatte zur Arbeit. Man verspürt einen großen Elan, wenn man die in den Fluren präsentierten Programme und Aktivitäten der Schulen studiert. Für die deutsche Schulpolitik der Zukunft bedeutet dies, dass man in Austausch mit den deutsch-türkischen Schulträgern treten sollte, man kann von ihnen viel lernen. Leistung wird hier honoriert, Exzellenz gefördert, auch der Gemeinschaftssinn. Das deutsche Schulwesen der Zukunft muss differenzierte Angebote machen, sonst werden auch andere Minderheiten eigene Wege gehen, um ihren Nachwuchs bestmöglich zu fördern. Die Leistungs- und Integrationskraft der deutschen staatlichen Schule reicht gegenwärtig nicht aus.

Wenn man mit jungen Deutschtürken durch Deutschland reist, finden sie die Hinweise auf deutsche historische Orte interessant, die an ihnen vorbeifliegen. Sie hören sehr genau zu. Aber insgesamt ist trotz Abitur das Wissen um das kulturelle Erbe des Landes bemerkenswert schwach. Die Rolle von Nürnberg in der deutschen Geschichte –

Fehlanzeige, eine Pfalz, was ist das? Dafür hat das Curriculum keinen Platz. Aber die jungen Menschen wollen stolz auf ihre Heimat sein. Und hier stößt man auf weitere Defizite des eigenen Landes, das sich gern duckt. Ich denke in solchen Augenblicken an die Diebstähle in bedeutenden deutschen Museen, an das Verschwinden der riesigen Goldmünze auf der Museumsinsel, an die Zerstörung der Vitrinen mit unersetzlichen Kostbarkeiten im Grünen Gewölbe von Dresden. Haben wir bei den Neuankömmlingen – es waren Libanesen, nicht Türken – genügend dafür getan, ihnen zu verdeutlichen, dass es einen gemeinsamen Schatz der Erinnerung gibt, auf dem eine neue Gesellschaft aufbaut? Das gilt in gleicher Weise für die Eindringlinge, die »Klima, Klima über alles« beim Sturm auf große Museen singen. Der Text kommt einem irgendwie bekannt vor.

Und noch weiter gedacht: Werden die Deutschen, »die erst seit Kurzem hier sind«, wie Merkel zu sagen pflegte, in die deutsche Geschichte eintreten? Von den 23 Millionen Neubürgern besitzen 53 Prozent die deutsche Staatsangehörigkeit. Werden sie akzeptieren, dass sie nun dem Tätervolk angehören, dass der Holocaust Bestandteil der künftigen Erzählung über das Land bleibt? Wie werden sich vor allem die Muslime verhalten? Wie wird es um die Sicherheit der deutschen jüdischen Mitbürger stehen, wie um ihr tatsächliches Wohlbefinden?

In den USA, in Großbritannien, in Frankreich wird die wärmende Nähe zur Nation durch Symbole geschaffen. Es gibt Uniformen und Orden, Militärparaden, es gibt Marschmusik, die Fahne wird eher einmal zu viel als zu wenig emporgezogen. Eine vergleichbare Symbolik fehlt in Deutschland. Es gibt nicht einmal einen allseits akzeptierten Nationalfeiertag. Es müsste der 9. November sein. Aber wie eine Fußball-WM zeigen kann, herrscht Bedarf für starke Momente. Symbole werden umso wichtiger, je mehr Neubürger in dieses Land streben. Die jungen deutsch-türkischen Männer in Berlin nannten mir als Berufswunsch auffallend oft Soldat, Mitglied der GSG 9, Angehöriger der Berliner KSK. Sie stehen einer Machokultur nahe wie viele andere junge Männer vom Balkan oder aus dem arabischen Raum. Man wird ihnen diese Haltung nicht abgewöhnen können. Man wird damit leben müssen oder man bewegt sich ein wenig in ihre Richtung. Sonst werden die jungen Deutschtürken weiterhin türkisches Fernsehen schauen, in dem die Fahnen flattern und viele Soldaten in den Kampf gegen Separatisten oder ins Manöver ziehen.

Dieser fehlende Sinn für Symbolik wurde vor zwei Jahren deutlich, als der Bundespräsident dem neuen Kabinett die Ernennungsurkunden überreichte. Ein Teil der Minister erschien »underdressed«, die inzwischen zurückgetretene Verteidigungsministerin am Rand der Peinlichkeit. Offenbar stand der Ablauf auch nicht fest. Der Bundespräsident irrte für einen Augenblick vor einer Anrichte herum und wurde von einem Protokollbeamten »zurechtgerückt«, damit das Ganze einigermaßen »fernsehgerecht« aussah. Der Raum war schmucklos, die Zeremonie auffallend freudlos, geradezu pietistisch. Ähnliches gilt für den Akt der Einbürgerung. Man vergleiche einmal die deutsche Zeremonie mit der in Frankreich. Noch einmal: Symbole sind nicht zu unterschätzen, erst recht nicht in einer Einwanderungsgesellschaft. Wer 14 Tage in den USA ist, die Fahnen flattern sieht oder die Nationalhymne hört, legt unwillkürlich die Hand auf die linke Brustseite. Er gehört dazu. Er ist dabei. Zu feierlichen Anlässen und Zeremonien gehört auch Musik, gemeinsamer Gesang, nicht nur das Absingen der Nationalhymne. Aber wer singt noch im Lande außer den Ostdeutschen, die alte deutsche Traditionen hochhalten?

Anhand der Beschreibung der deutschen Gesellschaft und des Weges, den sie in den letzten 15 Jahren genommen hat, wird deutlich, dass es einer riesigen Reformbedarf im Lande gibt. Er muss den Vergleich mit den Stein/Hardenberg'schen Reformen des 19. Jahrhunderts nicht scheuen. Entsprechende Ideen zu entwickeln wäre eine schöne Denkaufgabe für die »Leopoldina«, Merkels Hinterlassenschaft. Das Zusammenleben der Menschen muss Regeln folgen, nicht nur die internationale Staatengemeinschaft funktioniert »regelbasiert«, sondern auch das eigene Land. Dazu bedarf es auch in der Kommunikation Klarheit und Eindeutigkeit. Und es muss die Geschichte des Landes vermittelt werden anhand von Bauten, anhand von Reisen, anhand von Erzählungen. Gesucht werden Ideengeber und Anführer, die einen derartigen Prozess in Gang bringen können.

Wenig spricht dafür, dass er aus den Reihen der im Parlament vertretenen Parteien kommen wird. Infolge der massiven Einwanderung werden die deutschen Parteien alles dafür tun müssen, eine weitere Aufsplitterung der Parteienlandschaft zu vermeiden, wie es sie z.B. in den Niederlanden gibt. Im Hinblick auf die Ukraine und die Einwanderung aus Ost- und Südosteuropa darf hinzugefügt werden, dass Deutschland auf westlichem Kurs bleiben muss. Es darf nicht erneut in die gefährliche Mittellage zwischen den Demokratien des Westens und den diktatorischen Regimes des Ostens geraten.

Ich habe unmittelbar vor dem Ausbruch von Covid für mehrere Wochen die Volksrepublik China bereist. Ich erinnere mich an ICEs, die auf die Minute genau abfuhren, die nach stundenlanger, rasanter Fahrt auf die Minute pünktlich eintrafen. Ich sehe die Wolkenkratzer von Shanghai vor mir, welche die Silhouette von Manhattan stellenweise übertreffen. Aber dieses Land kann niemals ein Vorbild sein, es ist für Europäer ein Albtraum, ein Polizeistaat, getarnt durch Gruppen von 30-stöckigen Gebäuden, die die Millionenstädte Chinas ausmachen. Ich nahm Abschied vom geliebten Hongkong, das beim ersten Besuch noch unter britischer Verwaltung ein faszinierender Ort der Begegnung zwischen Erster und Dritter Welt war.

Was wird aus Deutschland?

Die Herausforderungen für Deutschland durch den Krieg, der per Luftlinie 600 Kilometer entfernt ist, sind enorm. Sie übersteigen in ihren denkbaren Auswirkungen gegenwärtig die Vorstellungsmöglichkeiten des Landes. Für viele Politiker, vor allem in den Reihen der SPD, sind Lebenswelten zusammengebrochen, für viele Bürger auch. Also doch besser noch einmal – zum wievielten Male in diesem Jahr – nach Mallorca reisen. Vielleicht kommt die Zeitenwende, von der der Kanzler drei Tage nach Kriegsbeginn sprach, doch nicht, so die Hoffnung vieler.

Die beiden Risikobereiche

In Wahrheit findet sie längst statt. Der große Veränderungsfaktor in der Innenpolitik ist die weitgehend passiv hingenommene Einwanderung, die Deutschland tief greifend verändert, die andere »Front«. Es sieht danach aus, dass der Kampf an beiden Fronten noch lange dauern wird, dass er ein unaufhörlicher Testfall für die EU und die USA werden wird. Wir stehen also vor einer doppelten Herausforderung. Die innenpolitische lässt sich gestalten, es ist noch nicht zu spät dafür, aber sie wird nicht ernsthaft angefasst, weil sie wie die Energiefrage zu einem ideologischen Thema gemacht wird. Wer Änderungen oder eine Reform des Asylrechts fordert, gerät unter Rechtsverdacht. Er muss befürchten, die nächste Wahl zu verlieren. Dabei gerät außer Betracht, dass Deutschland in der Gefahr steht, erneut zum Unruheherd des Kontinents zu werden. Es muss sich in der Asylpraxis ähnlich wie der Rest Europas verhalten, es muss den Schengen-Raum, der auch ein Sozialraum ist, mit absichern. Sonst kann das bisherige Verhalten dazu führen, dass sich die Partner auf die Zeiten des Nationalstaats zurückbesinnen, dessen Überlebenschancen in der globalisierten Welt gering sind. Dennoch hat Großbritannien diesen Weg eingeschlagen. Und es kann nicht ausgeschlossen werden, dass Frankreich und Polen folgen. In vielen Ländern sucht eine wachsende Zahl von Menschen einfache Antworten auf komplizierte Fragen. Die Politik wird populistischer. Die französischen Gelbwesten haben nichts mit den deutschen Klima-Protestlern zu tun. Auch die Verweigerung, so lange wie die Deutschen zu arbeiten, ist ein Hinweis darauf, dass man im eigenen Gehäuse leben will.

Nicht nur die Briten rätseln, welche konkreten Vorstellungen die Deutschen für Europa haben. Ein attraktives Angebot haben sie nie unterbreitet. In der Weltpolitik wollten sie mitmischen, ohne genau zu wissen, warum. Bis heute besitzt Deutschland kein allgemein akzeptiertes, attraktives Gesellschaftsmodell. Ganz im Gegenteil, es ist angesichts der Asylbewerberzahlen ein lernendes Land. Navid Kermani hat zu Recht darauf hingewiesen, dass sich die Attraktivität der Bundesrepublik in Grenzen hält. Eliten-Einwanderung gibt es dort, wo man sich in die vertrauten Gefilde der einstigen Kolonialmacht begeben kann. Ein anderes großes Handicap für Deutschland: Die nationalsozialistische Zeit hat auch den Wissenschaftsstandort schwer beschädigt, vor allem die USA haben davon profitiert.

Die im Ukraine-Krieg sichtbar werdenden Risiken – die des Nahen Ostens kommen ja noch hinzu – erlauben keinen weiteren Aufschub. Sollten weitere Millionen Flüchtlinge kommen, gerät die deutsche Gesellschaft in eine Zerreißprobe, wird das Sozialsystem diesem Test nicht standhalten. Daher ist es legitim, Abwehrmaßnahmen ins Auge zu fassen, und somit ist der Vergleich mit dem Jahre 376 durchaus angebracht. Es kann sein, dass uns nichts anderes übrig bleiben wird, als einen Limes zu bauen, der für Demokratien verantwortbar ist, viel Elektronik, so wenig Stacheldraht wie möglich. Dazu: viel Kooperation mit dem Vorfeld, Wohlstands-Transfers nach Nordafrika und in den Nahen Osten, Beschäftigungsprogramme für junge Menschen in Staaten, die viel jüngere Gesellschaften haben als die EU. Ohne schmerzliche Kompromisse wird das alles nicht abgehen. Eine grenzenlose Aufnahme von Flüchtlingen ist eine Utopie. Nimmt Deutschland denkbare Entwicklungen einfach passiv hin, wird Frankreich auf Distanz zur Bundesrepublik gehen. Der europäische Traum ist dann vorbei. Deutschland steht daher vor der Aufgabe, ausgerechnet mit den Themen Aufrüstung und Verteidigung und mit Obergrenzen der Migration die EU à tout prix zusammenzuhalten, inklusive der schwierigen Nachbarn im Osten. Großbritannien muss an der Seite der EU gehalten werden, wissen, dass es eine Rückkehroption gibt. Der Ukraine-Krieg zeigt, dass dies möglich ist.

Deutschland – Mitglied der »Normandie-Koalition«

Der Ukraine-Krieg hat schon jetzt zur Folge, dass Deutschland Mitglied der »Normandie-Koalition« geworden ist, dieser welthistorisch bedeutsamen Vereinigung von 15 Staaten, die Deutschland 1944/45 von Westen her befreiten, während die Sowjetunion mehrere Jahre lang die Hauptlast des Krieges am Boden trug. In Ramstein trifft sich diese Koalition, ergänzt um drei Dutzend weitere Staaten, und Deutschland ist ohne Wenn und Aber dabei!

Die Bundeswehr schlägt sich trotz der bekannten Defizite beachtlich, sie steht in Litauen in der Bewährungsprobe. Die Amerikaner sind in Polen militärisch präsent, die Franzosen in Rumänien, die Engländer in Estland und die Kanadier in Lettland. Endlich gehört Deutschland zur Normandie-Koalition des Jahres 1944. In diesem Jahr wird die Vorhut der Schnellen Eingreiftruppe der NATO von einem deutschen General geführt. Die deutsch-französische Brigade ist dann dort das Herzstück. Also, auf militärischem Gebiet ist vieles in Bewegung geraten. Ziel muss sein, eine sehr gut ausgestattete Armee mit etwa 300 000 Soldaten aufzubauen, bei der jederzeit zwei Divisionen in Marsch gesetzt werden können. Von den europäischen Armeen haben nur die Briten diese Fähigkeit.

Es führt kein Weg daran vorbei, dass sich Europa unter dem Eindruck des Krieges und der von Putin schon vor Jahren ausgelösten neuen Völkerwanderung zusammenschließt. Deutschland muss militärisch endlich zu Frankreich und Großbritannien aufrücken, auf gleichem Level wie die beiden Atommächte operieren. Man gerät innenpolitisch weniger unter Druck, wenn man auf den Solidarbeitrag der anderen verweisen kann. Ob atomare Bewaffnung dazugehören soll, muss die nächste Generation entscheiden. Ohne die Unterstützung durch die USA wird dieser Prozess nicht vorangehen. Eine Emanzipation Europas von den USA ist nicht vorstellbar, schon der Versuch – den es in den Trump-Jahren verbal ja gab – wäre töricht. Es gilt, die Zeit des letzten US-Atlantikers Biden zu nutzen, ein Glücksfall für die Europäer. Amerika bleibt auf absehbare Zeit die Führungsmacht auf der Welt, es ist – ungeachtet mancher Schwäche – ein wohlwollender Hegemon, milder als Großbritannien in Empire-Zeiten. Es bietet für Europa auch stetes Anschauungsmaterial, wie sich eine hochkomplexe Gesellschaft organisieren lässt, was sie zusammenhält. Schließlich gibt es keine dynamischere Gesellschaft als die amerikanische, aller gesellschaftlichen Spaltungen zum Trotz.

Die Menschen so zu vereinen, dass sie ein Zusammengehörigkeitsgefühl entwickeln, wird nun die innenpolitische Aufgabe für Deutschland sein. Nur wenn es gelingt, die erforderlichen Ligaturen herzustellen, kann Deutschland mit 23 Millionen Neubürgern – diese Zahl wird weiter anwachsen – in Europa die Rolle spielen, welche die Welt von ihm seit 1990 erwartet. Grenzenlos werden die Möglichkeiten des Landes bei der Einwanderung nicht sein – die Europakompatibilität bleibt wichtig.

Der Krieg presst die Deutschen in eine Führungsschiene, aus der sie nicht mehr entweichen können, es sei denn um den Preis eines Sonderweges. Die Parteien und ihre Führungen befinden sich nun auf dem Weg, dies zu realisieren. Sie sind gezwungen, die Realität anzunehmen. Und diese Realität wird vom Pragmatismus der Angelsachsen und dem Widerstandswillen der Mitteleuropäer bestimmt sein. Westliche Coolness wird sich mit östlicher Emotion mischen, mit dem Sinn für Geschichte, auch den tragischen Seiten.

Wohlstandsverluste

Dennoch bleiben offene Fragen: Wird Deutschland den durch den Krieg entstandenen Wohlstandsverlust hinnehmen? Ist das Land wirklich bereit, seine Nabelschau zu beenden, notfalls die Nation und Europa zu verteidigen, wie ein ehemaliger Bundespräsident es im Notfall tun will? Wird die Rettung der Welt fürs Erste abgesagt? Wird der Teil, der die öffentliche Meinung lange Zeit prägte, weiterhin den Globus retten wollen, während Europa existenziell gefährdet ist? Wird die Bewältigung der nächsten zwei Jahre wichtiger werden als ein in die Debatte geworfenes klimapolitisches »Endziel« im Jahre 2045? Werden die jungen Leute, die sich auf den Straßen von Berlin festkleben, den Paradigmenwechsel akzeptieren und ihre Aktionen beenden, wenn Ukrainer vor ihren Augen förmlich untergehen?

Noch immer enthält der Satz des ehemaligen britischen Premiers Wilson mehr als einen Funken Wahrheit, wonach 24 Stunden in der Politik eine verdammt lange Zeit seien. Bei den amerikanischen midterm elections ist er eindrucksvoll bestätigt worden. Helmuth von Moltke, der bedeutende preußische Generalfeldmarschall, kam in den 1820er-Jahren nach Berlin, als es eine Barockstadt mit etwa 200 000 Einwohnern war. Bismarck, der persönlich nie einen Zugang zur Industriegesellschaft entwickelte, lebte mit ihm in einer Metropole, die gegen Ende des Lebens der beiden etwa 4 Millionen Einwohner hatte und nach London und New York um die Jahrhundertwende die drittgrößte Stadt auf der Welt war. Keiner von beiden hat das vorhergesehen, obwohl beide gebildete Menschen waren, gebildeter als die heutigen Politiker, welche die Geschicke des Landes bestimmen. Anders formuliert, die Politiker sollten gute Allrounder sein, sich auf das Machbare konzentrieren. Sie sind für vier Jahre gewählt, nicht für acht, wie es in der Ampelkoalition viel zu selbstbewusst anklang, sie sind keine Zukunftsforscher. Für Visionen sind andere zuständig. Sehr klugen, sensiblen Menschen Öffentlichkeit und Gehör zu verschaffen ist Aufgabe der viel gescholtenen Öffentlich-Rechtlichen. Sie sollten sie annehmen.

Deutsche Energiepolitik

Das gilt auch für die Energiepolitik. Dazu ein paar Anmerkungen und Beobachtungen. Bei Hubschrauberflügen mit dem Bundeskanzler fiel mir auf, dass die Bundesländer in den Hochzeiten des Nuklearstroms die Atomkraftwerke auffallend oft in die äußersten Ecken des Landes legten. Im europäischen Maßstab geschah dasselbe. Wenn man sich mit dem Auto von Frankreich her dem Saarland näherte, sah man zunächst die große Anlage von Cattenom am Horizont, ehe man ein paar Kilometer weiter die deutsch-französische Grenze erreichte. Ähnliches spielte sich vor den Toren von Freiburg ab, nur wenige Kilometer entfernt befand sich die Sorgen bereitende, oft im Störfall befindliche Anlage von Fessenheim. Vergleichbares Stirnrunzeln in Aachen bereitete das Atomkraftwerk im nahen belgischen Tihange. Als ich unlängst durch die schöne Altstadt von

Waldshut spazierte, war ich bei der Anfahrt überrascht, dass das schweizerische Atomkraftwerk Leibstadt genau gegenüber der Agglomeration liegt, zu der ja noch Tiengen gehört. Eine Reise entlang der deutschen Ostgrenzen würde zu ähnlichen Ergebnissen führen.

Anders formuliert: Das häufig vorgetragene Argument, Atomkraft sei gefährlich, führt angesichts der deutschen Mittellage in Europa nicht allzu weit. Die Deutschen sind gerade auf diesem Gebiet Mitglied einer Schicksalsgemeinschaft, die jedoch darauf setzen kann, dass ihre Urängste wahrgenommen werden, dass der demokratische Staat das theoretisch existierende Restrisiko klein hält. Japan ist ein sehr gutes Beispiel dafür, dass es gelingen kann, Ängste politisch zu beherrschen – trotz der Katastrophe in Fukushima.

Darüber hinaus sind Zweifel anzumelden, ob Felder mit Solarzellen und Windkraft die Lösung der Energiefrage sein können. Auf Panoramen niederländischer Maler des 18. Jahrhunderts sieht man Landschaften, die durch Windmühlen geprägt sind. Große Teile der Bevölkerung waren damals mit Energiegewinnung befasst. Soll das die Lösung für ein modernes Industrieland sein? Sollen Solardächer die Architektur der Zukunft bestimmen? Allein aus ästhetischen Gründen sind Zweifel angebracht. In den wüstenartigen Gegenden Nevadas lassen sich Windparks verstecken, sie wirken angesichts der Weite des Landes nicht einmal störend. Aber im Südschwarzwald, wie oberhalb von Freiburg geschehen, kann ein einziger Mast die Balance eines Gesamtbildes gefährden. Der Norden der Bundesrepublik scheint aufgrund seiner Oberflächenbeschaffenheit und der Nordsee besser für die Windkraft geeignet als die Mitte und der Süden.

Zum Schluss ein Argument für Atomkraft, das selten, wenn überhaupt, angeführt worden ist. Aus der Perspektive der Nachbarn Deutschlands muss es irritierend wirken, dass Deutschland Angst vor der Atomkraft hat. Zum einen wird es als das Land angesehen, in dem die höchsten Sicherheitsstandards gelten, denn es baut und exportiert Anlagen in die ganze Welt. Zum anderen ist Deutschland das Land, das vor zwei Generationen Tod und Verderben über ganz Europa gebracht hat. An Gedenktagen stellt sich heraus, dass es noch immer Zeitzeugen gibt, immer noch Menschen leben, die das Inferno überlebt haben. Kann sich Deutschland – so darf gefragt werden – unter diesen Umständen erlauben, mehr Angst als die anderen zu haben? Oder zeigt sich nicht auch an dieser Stelle, dass gelebte europäische Solidarität wichtig für den Kontinent ist?

Pragmatisches energiepolitisches Verhalten ist für Deutschland daher besonders wichtig. Der Weg der europäischen Gemeinschaft hat nach dem Zweiten Weltkrieg damit begonnen, dass Kohle und Stahl – Ursache für deutsch-französische Kriege – »europäisiert«, d. h. vergemeinschaftet wurden. Das europäische Stromnetz stellt einen Verbund dar, deutsche Stromgewinnung macht nicht an der Grenze halt wie auch umgekehrt. Von daher ist es ein Konstruktionsfehler, dass Deutschland und Frankreich seit längerer Zeit energiepolitisch getrennte Wege gehen. Angesichts des Krieges in der Ukraine lässt sich das korrigieren und man sollte die sich bietende Chance ergreifen. Die Energiepolitik des gesamten Kontinents gehört auf den Prüfstand und damit auch die im Kern nationalistische deutsche Energiepolitik. Dabei scheint klar, dass Deutschland ein Industrieland bleiben muss. Nur auf diese Weise können über 80 Millionen Menschen in Wohlstand und Würde leben. Und nur wenn Deutschland wohlhabend bleibt, kann es den heimlichen Titel bewahren, großzügigstes Land auf der Welt für Flüchtlinge zu sein.

Der Osten

Zum einen bleibt festzuhalten, dass Deutschland die Folgen des Ukraine-Kriegs zu tragen hat. Welchen Anteil Deutschland an den Ursachen für den Konflikt hatte, werden weitere Diskussionen, das Urteil des Auslands und schließlich die historische Forschung zeigen. Die Auseinandersetzungen haben schon begonnen. Zum anderen: Das gesellschaftliche Großexperiment, das außer Kontrolle geraten kann, hat Deutschland selbst zu verantworten. Es muss dabei die Ostdeutschen mitnehmen, die sich ähnlich wie ihre östlichen Nachbarn verhalten. Alles kam nach 1990 zu schnell, das Bewusstsein ist hinter den neuen Verhältnissen zurückgeblieben. Anhand relativ ungeeigneter Themen (Asyl, Covid) wird nun Widerspruch und Protest geübt. Es werden Formen des zivilen Ungehorsams nachgeholt, die auch vor 1989 möglich gewesen wären, wie das Beispiel Polen zeigte. Dabei waren die Ostdeutschen die Ersten im Ostblock, die sich am 17. Juni 1953 gegen die sowjetische Zwangsherrschaft wehrten. Dennoch ist Geduld angebracht. Zustimmung zur AfD im Osten ist nicht automatisch ein Hinweis auf rechtsradikale Gesinnung.

Das Rätsel Scholz

In der Situation, in der sich Deutschland befindet, ist es vielleicht ein Glück, dass eine Persönlichkeit wie der norddeutsch-spröde wirkende Olaf Scholz das Land führt. Es spricht viel dafür, dass er in der Außen- und Sicherheitspolitik im Großen und Ganzen den Kurs von Merkel fortsetzen wollte. Aber nun ist er ein Kriegspremier. Seine un-gewöhnlich lange politische Karriere, auch die Vielzahl der Rückschläge und Enttäuschungen, die er innerparteilich hinnehmen musste, sprechen für ihn. Ich hatte zweimal die Gelegenheit, mit ihm kurz unter vier Augen zu sprechen. Ich vergesse nicht, was er sagte. Seitdem hat er mein Ver-trauen. Er erfasst die Lage, er gewinnt an Format, ohne sich wesentlich zu verändern. Der hybride Krieg Russlands gegen Deutschland und die NATO hat längst begonnen, die empfindliche Infrastruktur der Bundesrepublik lässt sich nicht schützen. Die demnächst fertiggestellten LNG-Terminals könnten wie die Röhre am Grund der Ostsee leicht zu treffende Ziele sein.

Wenn der Eindruck nicht täuscht, gibt es seit dem ersten Tag des Krieges ein Fernduell zwischen ihm und Putin, das Scholz eines Tages zu seinen Gunsten entscheiden könnte. Dazu braucht er Amerika und deutschen Behauptungs-willen. Es geht weiterhin darum, den Zugriff des Russen auf die deutsche öffentliche Meinung abzuwehren und einen Solidarbeitrag für die Ukraine und den Westen zu organisieren, der die besondere historische Rolle Deutsch-lands in der Region reflektiert. Putin in Schach zu halten, ihm keinen Vorwand für eine Wahnsinnstat zu geben, war und bleibt wichtig, weil der russische Diktator glaubt, Deutschland zu kennen, auf der Klaviatur seiner Befind-lichkeiten spielen zu können. Ein gerüttelt Maß Schuld da-ran tragen führende deutsche Politiker. Sie haben Putin ho-fiert, wie selbst Fotos beweisen. Inmitten der Ukrainekrise wurde sein 70. Geburtstag in Anwesenheit eines deutschen Ex-Kanzlers und des Ministerpräsidenten von Mecklen-burg-Vorpommern im Frühjahr 2014 in St. Petersburg nachgefeiert. Der Aufruf zur Fortsetzung des Dialogs mit Russland im gleichen Jahr enthält viele prominente Namen. Ein deutscher Vizekanzler bat zwei Jahre später bei einem Kremlbesuch Putin um ein Autogramm. Im deutschen Kaiserreich war die Sozialdemokratie der härteste Kritiker des zaristischen Russlands. Sie müsste es wieder sein. Putin eingehegt zu haben ist schon jetzt eine politische Großtat von Scholz.

Die kollektive Erinnerung in West und Ost ist unweigerlich mit dem »Unternehmen Barbarossa« verbunden, mit Rudeln von deutschen Panzern in den Weiten Russlands und damit auch in der Ukraine. Noch leben die letzten Zeitzeugen. Es war daher zwingend erforderlich, in dieser Phase des Krieges die Lieferung von schweren Waffen an die Ukraine hinauszuzögern. Als ehemaliges Mitglied der Panzertruppe kann ich in einigen Dutzend Leopard keine strategische Wende im Bodenkrieg erkennen, zumal die Beherrschung der Luft ungeklärt ist. Niemand hat für das deutsche Zögern, das an anderer Stelle überreichlich kompensiert wird, mehr Verständnis als die Briten – und auch die Amerikaner. Für sie ist wichtig, dass Deutschland mit 20-jähriger Verspätung der »Normandie-Koalition« beigetreten ist. Das Auf und Ab der deutschen Sicherheitspolitik, das es 25 Jahre gab, scheint nun vorbei. Das hoffen alle NATO-Partner!

Der Blick der anderen

Mit besonderer Aufmerksamkeit wird in Europa und in den USA daher jeder Zug in der deutschen Russland-Politik beobachtet. Hier wie auf vielen anderen Gebieten gilt, dass die außenpolitischen Stereotypen in den Führungsgruppen der Nachbarländer zäh und langlebig sind. Man weiß um Brest-Litowsk, Rapallo und den Hitler-Stalin-Pakt. Die demokratischen Leistungen der Deutschen seit 1949 werden geschätzt. Aber es gibt auch kollektive Erinnerungen an frühere Zeiten, an die unruhige, ziellose deutsche Außenpolitik nach Bismarck, die das Kaiserreich international rasch isolierte. Der 1951 gedrehte Kultfilm »African Queen« mit Katherine Hepburn und Humphrey Bogart in den Hauptrollen zeigt den hässlichen Deutschen vergangener Zeiten. Diese Stereotypen, das anhaltende Erschrecken über den Kulturbruch im Jahre 1933, gipfelnd im Holocaust, muss Deutschland jederzeit in Rechnung stellen. In gewisser Weise steht es permanent unter internationaler Beobachtung. Hitler und die Verbrechen des Nationalsozialismus bleiben im Rest der Welt präsent. Ein falsches Wort, ein Händedruck zu viel können böse Geister wecken.

Die Westbindung Deutschlands ist daher essenziell, eine gute Beziehung zu Israel wichtig. Die Lehre, die Deutschland nach den Erfahrungen als Großmacht zwischen dem Beginn des 19. Jahrhunderts und dem katastrophalen Ende aller Großmachtträume 1945 gezogen hat, ist bis zum heutigen Tage die, niemals mehr in jene Mittellage zurückzukehren, in der sich das Land zwischen demokratischem Westen und politisch reaktionärem Osten befand. Dazu gehört auch ein passender Ton: nicht zu laut, nicht zu leise, kein »Triumph des Willens« – und dennoch mehr Selbstbewusstsein. Niemand kann vorhersagen, wie die Entwicklung in der Ukraine weitergeht. Daher irritiert es, wenn Zentralbanker schon jetzt von der Inflationsrate in zwei Jahren reden. Haben sie keine Vorstellung davon, wie labil die Lage ist, dass die Welt schon morgen eine andere sein kann? Für die deutschen Politiker aller Parteien bedeutet dies, dass sie rasch lernen müssen. Sie sind taktisch versiert

– nur so kommen sie nach oben. Aber sie sind durch die Bank »strategische Dilettanten«, wie das unbarmherzige Urteil von Herfried Münkler lautet. Allerdings hat auch Münkler lange Zeit den Stellenwert des Militärischen in der deutschen Außen- und Sicherheitspolitik unterschätzt. Eine neue Sicherheitsarchitektur für Europa, über die er 2018 in der Zeitschrift *Merkur* schrieb, ist das Eine, eine Armee zu unterhalten und ihr die nötige öffentliche Zuwendung zukommen zu lassen, das Andere. Die Bundeswehr ist nicht Bestandteil von einem »Instrumentenkasten«.

Noch muss Scholz die Rede nicht halten, die Churchill 1940 hielt: »I have nothing to offer than blood, toil, tears and sweat.« Aber es kann nicht ausgeschlossen werden, dass er sie eines Tages halten muss. Daran sollten auch die deutschen Gewerkschaften in diesem Jahr denken. Die historische Zäsur kann tiefer gehen, als das Land momentan insgeheim hofft. Der Zeiger auf der Skala kann im Jahre 376 landen, die sieben Jahre zwischen dem September 2015 und dem 22. Februar 2022 können sich als der Zeitraum erweisen, in dem Deutschland und Europa machtpolitisch endgültig auf die schiefe Ebene gerieten. Das Versagen Deutschlands bestünde in diesem Fall darin, zu wenig für den Kontinent getan zu haben, aus dem Glücksfall der deutschen Wiedervereinigung nicht die Auftriebskräfte bezogen zu haben, die für weiterreichende Ziele in Europa zur Verfügung standen. Wiedergutmachung ist keineswegs garantiert.

Entweder wird die Koalition halten oder es werden sich andere Mehrheiten finden, vielleicht wird ein deutsches Kriegskabinett erforderlich werden. Der römische Chronist Ammianus Marcellinus kommentierte den Epochenbruch der Jahre 376/78 n. Chr. erstaunlich gelassen:

»Doch Fortunas schnelles Rad bringt abwechselnd Glück und Unglück.« Die Gelassenheit des Menschen in der Antike geht dem heutigen sozialstaatsverwöhnten Bürger ab. Er fordert Kompensation für Wohlstandsverluste, die noch zunehmen könnten. Irgendwann wird er mitverantwortlich, der Staat kann nicht alles regeln oder ersetzen. In ungewissen Zeiten ist es daher gut zu wissen, dass es einen vertrauenswürdigen Kanzler und neuerdings einen Ersatzmann gibt, dazu einen Oppositionsführer, der Vertrauen verdient. Bei einem seiner letzten Auftritte im Deutschen Bundestag hat Helmut Schmidt gesagt: Die Deutschen sind »ein gefährdetes Volk, das der politischen Orientierung bedarf«.

Martin Grosch
Geopolitische Machtspiele
Wie China, Russland und die USA sich
in Stellung bringen und Europa immer
stärker ins Abseits gerät
Klappenbroschur. 340 Seiten mit s/w
Fotos und Karten. Format 15 x 22,7 cm
€ 28,00 [D] | € 28,80 [A]
ISBN 978-3-95768-235-2
Sofort lieferbar

China bedroht Taiwan in seiner Existenz, Russland annektiert die Krim und unterstützt Separatisten in der Ostukraine, die USA, Großbritannien und Australien schließen einen Verteidigungspakt – derzeit erleben wir im globalen Kräfte- und Mächtespiel massive Veränderungen und machtpolitische Verschiebungen. Die USA sehen sich durch den Aufstieg Chinas zu einem, wenn nicht gar dem zentralen Global Player vor ganz neuen Herausforderungen. Parallel strebt Russland ebenfalls wieder eine stärkere Machtstellung an; Europa jedoch präsentiert sich als zerstrittener und verunsicherter Kontinent. Und das angesichts einer fragilen künftigen Energie- und Rohstoffversorgung und zunehmender Migrationsströme aus Afrika und dem Nahen Osten insbesondere Richtung Deutschland.

All diese Ereignisse der letzten Monate und Jahre haben eines gemeinsam – sie sind großenteils geopolitischer Natur bzw. haben geopolitische Auswirkungen. Geopolitisches Denken ist für die Beurteilung unserer Gegenwart und Zukunft somit unverzichtbar. Zu Recht ist daher die Geopolitik in aller Munde, nur in Deutschland fristet sie nach wie vor ein Schattendasein. Seit Jahrzehnten werden geopolitische Ansätze mehr oder weniger durch die verantwortliche Politik bewusst gemieden, verbunden mit gravierenden Folgen wie z. B. einer zunehmenden außen- und sicherheitspolitischen Außenseiterrolle.

Dr. Martin Grosch möchte daher mit seinem Buch einen Beitrag leisten, den Blick für die Geopolitik anhand global oder regional bedeutender Staaten als geostrategische Akteure oder als geopolitische Dreh- und Angelpunkte wieder zu schärfen. Dabei zeichnet er die geografischen, historischen und kulturellen Hintergründe aktueller geopolitischer Ereignisse und Konflikte nach und warnt eindringlich davor, dass Deutschland als europäische Führungsmacht es sich nicht leisten kann und darf, vor geopolitischen Handlungen und Ereignissen die Augen zu verschließen.

Aus dem Verlagsprogramm

Herbert Kremp
Morgen Grauen
Von den Anfängen des
Zweiten Weltkriegs
Gebunden mit Schutzumschlag.
712 Seiten. Format 15,8 x 24 cm
€ 38,00 [D] | € 39,10 [A]
ISBN 978-3-95768-232-1
Sofort lieferbar

»Herbert Kremp erspart sich und uns den bequemen Hochsitz des Historikers, der alles schon weiß und kommen sieht. Er analysiert und erzählt auf eine Weise, als hätten wir diese Geschichte noch nie gekannt, ein Drama, das uns immer wieder den Atem verschlägt.«
Thomas Kielinger

»Das Buch von Herbert Kremp ist ein fulminanter Beitrag zur Auseinandersetzung mit Hitlers Strategie in den entscheidenden ersten beiden Kriegsjahren. Es besticht durch Gedankenreichtum und analytische Tiefe, und es wird für Diskussionen sorgen.«
Prof. Dr. Ulrich Schlie

Mit dieser weit blickenden Studie über den Vorlauf und die Anfänge des Zweiten Weltkriegs betritt Herbert Kremp Neuland: Sein Werk basiert, anders als bisherige Publikationen zu diesem Thema, auf einer umfassenden strategischen Analyse. Kremp provoziert damit – gedanklich wie stilistisch auf höchstem Niveau – die Korrektur verbreiteter Irrtümer über Ziele und Motive der aufeinander und gegeneinander wirkenden Mächte. Auch deshalb, weil er eine neue, bestechende Perspektive wählt: Er sieht das Handeln der Akteure bestimmt vom *konsekutiven Zwang des Kriegs*, dem Stalin, Churchill, Mussolini, Roosevelt, vor allem aber Adolf Hitler unterworfen waren. Dabei werden Vorgeschichte und Verlauf der ersten Kriegsjahre nicht wie üblich aus dem Blickwinkel des Endes geschildert. Kremp sucht vielmehr die Beteiligten und ihre Entscheidungen in der originären Situation zu erfassen: Nicht als bloße Chronik, sondern als spannende, brillant erzählte Untersuchung, die vorurteilslos erklärt und dabei zu Einsichten gelangt, die in ihrer Stringenz, Aussage- und Formulierungskraft ebenso zwingend wie unkonventionell sind.

www.lau-verlag.de